AF341190

NOUVEAUX ÉLÉMENTS
D'HISTOIRE NATURELLE

A l'usage des Pensions et des Institutions,

AVEC
QUESTIONNAIRES ET GRAVURES,

Par

J.-P. COINDE,

Professeur d'Histoire naturelle, et membre de plusieurs
Sociétés savantes.

Iʳᵉ PARTIE. — ZOOLOGIE.

PROSPECTUS.

Quoi de plus merveilleux et de plus admirable que les produits de la nature ! produits répandus en si grande abondance qu'ils couvrent tout ; qu'ils nous environnent et nous transpersent pour ainsi dire, et que cependant nous foulons aux pieds en jetant sur eux des regards de dédain sans nous donner la peine de contempler cette vie, cette animation, cette variété dans les formes et les couleurs et par-dessus tout cet instinct et ces ruses qu'emploie l'animal le plus imperceptible pour pourvoir à ses besoins et échapper aux dangers qui le menacent.

1856

L'histoire naturelle prend cependant un accroissement toujours plus grand ; elle devient et deviendra toujours de plus en plus indispensable ; car, en effet, elle est vraiment utile, et ce n'est que par l'étude et l'observation des animaux, des plantes et des minéraux qu'on peut espérer parvenir à augmenter les ressources du commerce, des populations, des arts, des sciences et de tout ce qui en dépend. Les ouvrages de ce genre publiés à l'usage des jeunes gens, sont peu nombreux ; de plus les uns sont trop abrégés, d'autres au contraire sont trop érudits. Pour faire apprendre quelque chose non-seulement à des enfants, mais même à des jeunes gens de quinze à seize ans, il faut le leur présenter sous des points de vue qui les amusent en les instruisant, sans cependant les écarter ni de la réalité, ni de la marche actuelle de la science. C'est le but que nous nous sommes proposés et que nous espérons avoir atteint en publiant ces *Nouveaux Éléments* qui se composent de quatre petits volumes in-18 de deux à deux cent cinquante pages, ornés d'une quantité de planches gravées avec le plus grand soin, et dont le premier volume vient de paraître ; les trois autres, qui sont : la *Botanique*, la *Géologie* et la *Paléonthologie*, et en dernier, un petit *Vocabulaire d'Histoire naturelle* pour servir à l'explication des mots techniques employés dans les trois parties précédentes, paraîtront prochainement. Ils renferment une grande quantité de tableaux de classification et autres, dans le but de graver les leçons avec plus de facilité dans la mémoire des élèves ; ils sont également pourvus de questionnaires, comme l'indique le titre ; et sans avoir de professeur spécial, un instituteur peut, au moyen de cet ouvrage, enseigner les sciences naturelles à ses élèves, ou les leur faire enseigner par le maître d'étude ou tout autre professeur.

Le prix de chaque volume est de deux francs : ce qui met l'ouvrage entier à huit francs. On le trouve à l'adresse indiquée, et chez les principaux libraires classiques de Paris et de Lyon.

Lyon. Th. Lépagnez, imp. petite rue de Cuire, 10.

NOUVEAUX ÉLÉMENTS

D'HISTOIRE NATURELLE.

Le dépôt voulu par la loi ayant été fait, tout contre-facteur sera poursuivi.

POUR PARAITRE PROCHAINEMENT.

Suite des **NOUVEAUX ÉLÉMENTS D'HISTOIRE NATURELLE**, à l'usage des Pensions :

2me partie : **BOTANIQUE**, 1 vol. in-18 avec figures.

3me partie : **GÉOLOGIE** et **PALÉONTHOLOGIE**, 1 vol. in-18 avec figures.

4me partie : **VOCABULAIRE D'HISTOIRE NATURELLE** pour servir à l'explication des mots techniques employés dans les trois parties précédentes, 1 vol. in-18.

Ces quatre volumes se vendront séparément.

C.

ON TROUVE CHEZ LES MÊMES LIBRAIRES :

QUELQUES MOTS SUR LA SOLITUDE ET SUR LES BEAUTÉS DE LA NATURE, par J.-P. Coinde, de Lyon . . . . » 50

LYON. — IMP. DE TH. LÉPAGNEZ, PETITE RUE DE CUIRE, 10.

NOUVEAUX ÉLÉMENTS
D'HISTOIRE NATURELLE

A l'usage des Pensions et des Institutions,

AVEC QUESTIONNAIRES ET GRAVURES,

PAR

L.-P. COINDE,

Professeur d'Histoire Naturelle
et Membre de plusieurs Sociétés savantes.

Iʳᵉ PARTIE. — ZOOLOGIE.

A PARIS ET A LYON,

A LA **LIBRAIRIE CLASSIQUE** DE **PÉRISSE FRÈRES**.
IMPRIMEURS-LIBRAIRES.

PARIS,	**LYON,**
Nouvelle maison,	*Ancienne maison,*
Rue St-Sulpice, 38,	Rue Mercière, 49,
Angle de la place.	Et rue Centrale, 60.

1856.

NOUVEAUX ÉLÉMENTS

D'HISTOIRE NATURELLE

À l'usage du Propre et des Institutions,

AVEC UN GRAND NOMBRE DE FIGURES INTERCALÉES DANS LE TEXTE,

PAR

F.-A. POUCHET,

Professeur d'histoire naturelle
et Membre de plusieurs Sociétés savantes.

1re PARTIE. — ZOOLOGIE.

À PARIS ET À LYON,

À LA LIBRAIRIE CLASSIQUE DE PÉRISSE FRÈRES,
Imprimeurs-Libraires.

PARIS,   LYON,
Rue St-Sulpice, 38.   Rue Mercière, 49.

1855

PRÉFACE.

Depuis le peu de temps que j'enseigne, je me suis aperçu que malgré la quantité d'ouvrages d'histoire naturelle, il n'y en avait pas de vraiment préliminaires. Les uns sont trop abrégés, d'autres au contraire sont trop érudits ; s'il en est quelques uns qui réunissent tous les avantages nécessaires à l'instruction de jeunes gens, ils ont été imprimés depuis longtemps et par conséquent n'ont pu suivre les progrès de la science.

J'ai donc pensé bien faire en livrant à la publicité ce petit ouvrage , pour lequel je me suis basé sur les immortels travaux des génies des Sciences naturelles, et sur ceux non moins beaux des savants professeurs de notre siècle, MM. Jourdan, Milne-Edwards, etc., pour la Zoologie;

couvertes qui vous rendront utiles à la société. Ce n'est pas que je vous engage à abandonner vos occupations journalières pour vous occuper uniquement de sciences naturelles ; remarquez que j'ai dit : dans vos moments de loisir ; et ce ne sera pas perdre votre temps, car les sciences naturelles et physiques sont sans contredit les plus utiles. Effectivement, que vous soyez dans le commerce, dans les arts, dans les sciences, etc., elles vous sont indispensables. Mais il est certains états qui en demandent de plus vastes notions ; car qu'y a-t-il de plus utile dans la médecine, la pharmacie, la droguerie, l'herboristerie, etc., qu'y a-t-il, dis-je, de plus utile que la chimie et les sciences naturelles ? Dans la plupart des états manuels qu'y a-t-il de plus indispensable que la physique et la mécanique ? Où le peintre et le sculpteur prennent-ils leurs chefs-d'œuvre, si ce n'est dans les produits de la nature, et c'est encore cette même nature qui excite la verve des grands poètes.

J'ajouterai que plus que jamais l'on a senti l'utilité de ces sciences, et qu'à dater d'aujourd'hui, ceux qui voudront faire leur chemin dans le monde, seront forcés d'avoir des notions d'histoire naturelle, de même qu'ils sont forcés d'en avoir d'histoire, de géographie et de mathématiques.

PREMIÈRE PARTIE.

Organographie et Physiologie animale. — Organisation générale des animaux. — Relation de leurs diverses fonctions.

[illegible]

[illegible] — [illegible]
[illegible]

[illegible]

INTRODUCTION.

—

Des astres et du rang que tient la terre parmi les astres. — De l'air atmosphérique et des gaz indispensables aux corps organiques ou vivants. — Des Météores et de leurs phénomènes. — Grande division des corps de la nature. — Différences qui existent entre les quatre règnes: Hominal, Animal, Végétal et Minéral.

Avant de parler du but des Sciences naturelles, nous allons empiéter un moment sur le domaine des Sciences physiques, et parler des corps qui environnent notre habitation terrestre et du rang que cette dernière tient parmi eux.

Vous connaissez tous, de vue du moins, ces corps que le Créateur a lancés dans l'espace pour accomplir divers phénomènes indispensables à l'existence de la terre, des végétaux qui la couvrent ou des animaux qu'elle porte ; vous savez que l'on a donné à ces corps le nom d'astres. Eh bien, ces astres se divisent en deux grandes classes qui sont : 1° ceux qui nous envoient leur propre lumière et qu'on nomme communément étoiles, 2° ceux qui reflettent cette lumière et qu'on nomme planètes.

Le nombre de planètes s'élève aujourd'hui à trente-deux, parmi lesquelles on distingue : Mercure, Vénus, la Terre, Mars, Jupiter, Saturne, Uranus, Neptune, Flore, Vesta, Junon, Hébé, Cérès, Pallas, Iris, etc.

La Terre exécute deux tours, le premier sur elle-même en 24 heures, ce qui produit le jour et la nuit ; le second autour du soleil en 165 jours, ce qui produit l'année et les saisons. Mercure fait sa révolution en 3 mois seulement, tandis que Neptune emploie 165 ans pour faire la sienne.

De petits globes nommés satellites circulent à leur tour autour des planètes : le satellite de la Terre est la Lune.

Viennent ensuite les étoiles qui sont classées en constellations, parmi lesquelles sont : la grande et la petite Ourse, l'étoile Polaire, etc.

Et enfin l'on aperçoit de temps à autres des globes de feu à l'extrémité desquels on remarque toujours une sorte de chevelure lumineuse, le plus souvent terminée en queue, et qu'on nomme Comète.

Des Fluides et de leurs Phénomènes.

Comme on le voit dans le tableau ci-joint, les fluides sont de plusieurs espèces. Pour ne pas trop nous écarter du plan que nous nous sommes tracé, nous nous contenterons d'esquisser rapidement tout ce qui nous est indispensable d'en savoir.

Les fluides aériformes sont les gaz, c'est-à-dire, les produits de la nature qui pour nous sont invisibles et ne tombent qu'imparfaitement sous nos autres sens, si ce n'est lorsque deux d'entre eux (l'oxigène et l'hydrogène), se réunissant forment par leur mélange le fluide liquide qu'on nomme eau.

Parmi les gaz se trouve placé ce corps qui environne notre sphère et qui porte le nom vulgaire d'air atmosphérique; il est invisible, mais quoique cela il peut se sentir et se peser. Ce corps qui est indispensable à la vie animale, se compose de deux gaz très différents entre eux : l'un qui donne la vie et entretient la combustion, s'y trouve renfermé à la quantité de 21 parties, c'est l'oxigène ; l'autre qui donne la mort et éteint les corps enflammés, s'y trouve à celle de 79, c'est l'azote. Ce mélange est indispensable, car s'il n'y avait que de l'oxigène la combustion se ferait trop vite, et les animaux atteignant trop tôt leur développement et les organes usés par cette combustion rapide, cesseraient bientôt d'exister.

Nous nous étendrons plus au long sur cela quand nous serons arrivés à la Respiration.

Parmi les autres gaz on distingue le gaz acide-carbonique et l'hydrogène. Le premier provient de toutes les inflammations des corps combustibles, et en particulier des combustibles minéraux ; ce gaz est tout aussi indispensable aux végétaux que l'air atmosphérique l'est aux animaux. On remarque là une des plus belles harmonies de la nature; les végétaux en expirant de l'oxigène fournissent aux animaux ce gaz qui leur est indispensable, et les animaux leur fournissent de même en l'expirant, le gaz acide-carbonique.

Que d'admirables phénomènes, et que l'homme, malgré son orgueil, doit se trouver petit en examinant cette puissance et cette sagesse qui se révèle à chaque pas qu'on fait dans l'étude de la nature, à chaque coup d'œil jeté sur ses productions.

Parlons maintenant de l'hydrogène: uni à l'oxigène il forme ce liquide si connu de tout le monde, que l'on nomme l'eau.

Après les gaz nous voyons des corps qui sont impondérables; parmi eux se distinguent la chaleur, la lumière, l'électricité, etc., tous corps immatériels.

La chaleur et la lumière sont nommées naturelles lorsqu'elles nous viennent en droite ligne du soleil; elles sont au contraire nommées artificielles lorsqu'elles proviennent de la décomposition des corps combustibles.

On nomme météores les états extraordinaires des gaz, de l'air atmosphérique, de la lumière, de la chaleur, etc.

Voici la tableau de la grande division des météores :

CLASSES	ORDRES	GENRES	ESPÈCES	EXEMPLES
Météores	invisibles	qui ont l'air pour principe.	Météores aériens :	les vents, les orages, les ouragans, les tempêtes, les trombes, les siphons, etc.
	qui tombent sous tous les sens,	qui ont l'eau pour principe.	Météores aqueux :	les nuages, la pluie, la grêle, la neige, les brouillards, etc. etc.
	impondérables	qui ont le feu pour principe.	Météores ignés :	les éclairs, la foudre, le feu St-Elme, les feux follets, etc.
		qui ont la lumière pour principe.	Météores lumineux :	arc-en-ciel, aurores, crépuscules, aurores boréales, etc. etc.

Utilité des Météores.

En faisant passer toutes ces choses sous vos yeux, je n'ai que l'intention de vous faire apercevoir les rapports qu'elles ont avec les Sciences naturelles. Ne croyez pas, toutefois (comme le croient les esprits faibles), que les météores n'ont pour but que de nous nuire, ils nous sont au contraire indispensables, et voici en quoi consiste leur utilité :

Le soleil par sa chaleur attire à lui les molécules, c'est-à-dire, les globules d'eau réduites à cet état de vapeur que nous nommons brouillards ; ces molécules qui sont plus légères que l'air tantôt s'arrêtent, s'élèvent ou se balancent ; puis arrivées à une certaine hauteur l'air se raréfie, les molécules d'eau qui étaient sous l'état de vapeur ou de nuages, se rassemblent et tombent réduites en flocons de neige. Si les nuages s'élèvent plus haut, les flocons se réunissent intimément en petits grains durs, ils sont alors sous l'état de grêle ; si au contraire ces flocons de neige s'abaissent, il en reste une partie sur le sommet des hautes montagnes (ce qui explique pourquoi elles sont toujours couvertes de neige), l'autre partie descendant de plus en plus dans une atmosphère chaude, se fond et tombe en pluie. Cette pluie s'infiltre dans toutes les excavations que produisent les rochers, et forme les sources, les ruisseaux, les torrents, qui tombent dans les rivières dont les eaux ne tardent pas à se mélanger avec celles des fleuves, qui tombent eux-mêmes dans la mer, où le soleil doit puiser une nouvelle eau chargée de récommencer la même pérégrination ; heureusement pour nous, car sans le renouvellement de cette eau, et sans les vents qui, s'introduisant sans cesse dans la mer, la remuent continuellement et forment les vagues, les siphons ou trombes marines, etc., sans ces deux choses, ces immenses mers dont l'eau est morte ne tarderaient pas à se corrompre et à amener sur la terre la peste et les épidémies.

Ces quelques mots ont suffi pour vous montrer l'utilité des orages, des ouragans, des météores aqueux, etc. ; et vous avez pu voir que ces phénomènes terribles ne sont qu'un nouveau et admirable bienfait de Dieu qui, comme vous le verrez plus tard, porte son amour pour l'homme à lui donner non-seulement l'utile, mais encore l'agréable ; et que si cette terre n'est pas pour lui un lieu de délices, ce n'est uniquement que la cause de son ambition et de sa négligence pour accomplir cette loi divine : *Aimez-vous les uns les autres*.

Avant de diviser les corps de la nature, jetons un coup d'œil sur les siècles passés et laissons errer un regard de reconnaissance sur tous ces profonds génies qui se sont illustrés par l'étude des sciences naturelles : les grandes choses font les grands hommes et leur grandeur est inépuisable. En tête de ces grands hommes, on distingue : Aristote, Pline le naturaliste, Ch. Linnée le véritable fondateur des sciences naturelles, l'éloquent Buffon, l'immortel Cuvier, de Candolle, Tournefort, Réaumur, Daubenton, Fabricius, Latreille, Lacépède, Lesson, les Jussieu, Spallanzanni, Bonnet, Hubert, Lewnœkc, Swamerdam, Smeathman, etc.

Grandes Divisions

On nomme Corps tout ce

Corps de la nature

- **Organiques,** c'est-à-dire pourvus d'organes ou vivants.
  - **Animés,** c'est-à-dire qui sentent et se meuvent.
    - Intelligents.
    - Inintelligents.
  - **Inanimés** c'est-à-dire qui ne peuvent ni sentir ni se mouvoir.
    - Règne Végétal ou Plantes.
- **Inorganiques,** c'est-à-dire dépourvus d'organes ou brutes.
  - **Règne Sidéral ou Astres.**
    - Lumineux.
    - Réfracteurs.
  - **Règne Minéral ou Minéraux.**
    - Réguliers.
    - Irréguliers.

des Corps de la nature.

qui tombe sous les sens.

Règne Hominal ou Hommes.
- Race Caucasique. . . . . EUROPÉENS.
- — Mongole . . . . ASIATIQUES.
- — Nigritienne. . . . . . AFRICAINS.
- — Cuivrée . . . . AMÉRICAINS.
- — Brune ou Neptunienne OCÉANIENS

Règne Animal ou Animaux.
- Instinctifs au plus haut degré. Chiens, Chats, Éléphants.
- — au plus bas degré: Insectes, Mollusques.
- Antomatiques: Polypes, Infusoires.

Spermaophytes. . . Violettes, Choux, Gentianes, etc.

Oophytes . . . . Marchantia, Fucus, etc.

Étoiles . . . . . { L'étoile Polaire, les constellations de la grande et petite Ourse, etc.

Planètes . . . . { Mercure, Vénus, la Terre, Mars, Jupiter, Saturne, Uranus, Neptune, etc

Cristaux
- Aiguilliformes. { Épidote. Stalactites. Stalagmites.
- Inaiguilliformes. { Métalliques. . . Malachites, etc. non Métalliques Sels, Sucres, etc.

Roches
- Plutoniennes. { Anciennes. . Basaltes, Granits, etc. Modernes . . Laves, etc.
- Neptuniennes { sans fossiles. Gneiss. Micaschistes, etc avec fossiles. Grès, Keuper. Gault, etc

Il y a donc cinq Règnes dans la nature, chacun de ces règnes est régi ou dominé par une force suprême nommée loi, et par d'autres lois secondaires; en voici le tableau selon celui donné par M. le Doct. Jourdan, en 1843, dans le 1er tableau de sa classification Minéralogique.

NOMS des Règnes.	LOIS suprêmes.	NOMS des Lois secondaires.	EXEMPLES.	Noms donnés aux Sciences qui s'occupent des 5 Règnes.
Sidéral.	Gravitation.		Étoiles, planètes.	Cosmographie, astronomie, etc.
Minéral.	Composition.	Gravitation.	Cristal de roche, fer, etc.	Minéralogie, géologie, cristallographie, etc.
Végétal.	Formativité.	Gravitation, composition.	Chênes, roses, œillets, etc.	Botanique, agriculture, horticulture, etc.
Animal.	Animation.	Gravit., comp., formativité.	Chiens, chats, écureuils, etc.	Zoologie, mammalogie, entomologie, etc.
Hominal.	Sapience.	Gravit., comp., form., animation,	Blancs, nègres, etc.	Mammalogie, philosophie logique, etc.

Différences qui existent entre les divers corps de la nature.

Les corps organiques diffèrent des corps inorganiques sous cinq points de vue différents qui sont : 1º sous le rapport de l'apparition , 2º sous le rapport du développement , 3º sous le rapport de la structure intérieure , 4º sous le rapport de la forme extérieure et du volume , 5º sous le rapport de la destruction.

1º *Sous le rapport de l'apparition.*

Les corps organisés ou vivants naissent toujours d'un être semblable à eux. Les corps brutes , au contraire , ne naissent que lorsque les molécules appelées à les former sont réunies par les deux forces naturelles nommées affinité et cohésion.

2º *Sous le rapport du développement.*

Les corps organisés ou vivants ne se développent que par intus susception, c'est-à-dire de dedans en dehors. Les corps brutes, au contraire, se développent par juxtaposition, c'est-à-dire de dehors en dedans.

3° *Sous le rapport de la forme intérieure.*

Les corps organisés sont formés intérieurement de fibres dans l'intervalle desquelles circulent des liquides nourriciers indispensables à leur vie. Les corps brutes au contraire ne présentent que fort rarement cette forme fibreuse, et dans aucun cas ils ne sont imprégnés de liquides.

4° *Sous le rapport de la forme extérieure et du volume.*

Les corps organisés ont toujours une forme distincte, de plus leur volume ne dépasse jamais une certaine limite; les corps brutes au contraire ne sont que très rarement réguliers, et quand ils le sont, cette régularité toute géométrique leur fait donner le nom de cristaux.

5° *Sous le rapport de la destruction.*

Les corps organisés vivent plus ou moins longtemps, mais il arrive toujours un moment où ils périssent et se décomposent; les corps brutes, au contraire, ont commencé avec le monde et ne finiront qu'avec lui; car ils peuvent être divisés en parties extrêmement minimes sans cesser pour cela d'exister.

Différences qui existent entre les corps animés et inanimés.

Le célèbre Linnée a fort bien caractérisé par ces quelques mots les différences qui existaient entre les minéraux, les végétaux et les animaux : *Les minéraux croissent ; les végétaux croissent et vivent ; les animaux croissent, vivent et sentent.* Les corps animés diffèrent donc des végétaux en ce qu'ils ont de plus qu'eux la sensibilité, c'est-à-dire le sentiment de leur être, et par conséquent celui même chez les animaux les plus inférieurs, de la douleur et du plaisir. Ainsi si vous piquez un infusoire, si vous le placez dans l'obscurité, vous le verrez se racornir ; si, au contraire, vous l'exposez à l'influence d'une chaleur douce, vous le verrez s'étendre voluptueusement. Vous pourrez me répondre à cela que beaucoup de plantes ouvrent et referment leur corolle, que quelques-unes même ferment chacune de leurs feuilles au moindre ébranlement de l'air, telle par exemple que la sensitive (mimosa pudica) ; que la dionée attrape-mouche, ainsi nommée parce que dès qu'un insecte se pose sur sa fleur la corolle se replie très vivement. Je ne chercherai pas à nier ces faits, j'en ai fait moi-même l'expérience sur le sainfoin oscillant, sur le rossolis et sur l'épine-vinette, mais je crois que ceci ne doit pas être appelé du nom de sensibilité et que ce n'est tout au plus qu'une irritation machinale causée probablement par des organes élastiques et faisant l'of-

fice de ressorts; en supposant encore que ce fût
une irritation naturelle, elle ne pourrait pas être
appelée sensibilité; car, dans son acception
propre, ce mot signifie non-seulement qui a sentiment des impressions qu'il reçoit, mais encore
qui a sentiment de leur existence et qui les
évite ou s'y expose. Outre cela, les animaux
peuvent tous se mouvoir partiellement et totalement dans un temps indéterminé et sans aucune
influence. Si l'on voulait approfondir cette ques-
tion l'on verrait qu'ils en diffèrent encore par
leur mode et de nutrition et de reproduction;
mais quoique ces différences soient assez tran-
chées pour faire reconnaître les zoophites, par
exemple, comme des animaux, elles ne le sont
pas assez pour empêcher qu'il n'y ait un passage
naturel des corps organiques animés à ceux inanimés.

Différences qui existent entre les règnes Hominal et Animal.

Ces différences étaient assez marquées, et
M. Jourdan l'a bien senti. Pour faire des races
humaines un règne à part, en effet, jusqu'à quelle
hauteur que s'élève l'instinct des animaux les
plus intelligents, entre cet instinct et l'intelligence
de l'homme il y a un abîme insondable de séparation, séparation sur laquelle nous nous étendrons plus au long en parlant des fonctions des
animaux; mais quoique cela encore l'homme se

lie au règne animal par la forme de son corps tant intérieure qu'extérieure, son mode de fonctions, de nutrition et de réproduction, entièrement semblable à celui de tout autre grand animal.

QUESTIONNAIRE.

Qu'est-ce que les astres, et quel rang la terre tient-elle parmi les astres? — Qu'est-ce que les gaz? — Quel est le fluide gazeux indispensable aux animaux? — De combien de gaz est formé l'air atmosphérique? — Quelles sont les propriétés principales de l'oxigène et de l'azote? — Qu'est-ce que l'acide carbonique? — Quel est le gaz indispensable aux végétaux? — Que remarque-t-on dans cet échange d'oxigène et d'acide carbonique que se font les végétaux et les animaux? — Qu'est-ce l'hydrogène? — Que forme-t-il uni à l'oxigène? — Qu'appelle-t-on lumière et chaleur naturelle? — Qu'appelle-t-on lumière et chaleur artificielle? — Qu'est-ce que les météores? — Donnez-nous les divisions des météores? — Citez-nous quelques grands naturalistes? — Donnez-nous les deux grandes classes des corps de la nature? — Donnez les divisions des corps organiques. — Celles des corps inorganiques. — Combien y a-t-il de règnes dans la nature? — Citez-nous ces règnes et leurs exemples. — Sous combien de rapports les corps organiques diffèrent-ils des corps inorganiques? — Quel est la différence qui existe entre les corps organiques animés et ceux inanimés? — Quelle différence existe-t-il entre les animaux et le règne hominal.

CHAPITRE PREMIER.

Grandes divisions des fonctions des corps animés. — Fonctions de la vie végétative et fonctions de la vie animale. — Grandes divisions des fonctions de nutrition et organographie nutritive. — Opérations au moyen desquelles se fait la nutrition.

Les corps organiques (du grec ὄργανον, instrument) sont ainsi nommés parce qu'ils sont pourvus d'appareils destinés à remplir certaines fonctions indispensables à l'entretien de leur vie.

Dans le règne hominal, et chez la plus grande partie des individus du règne animal, les fonctions sont plus nombreuses et par conséquent l'organographie est plus compliquée que dans le règne végétal.

On peut diviser ces fonctions en deux grandes classes qui sont :

Les fonctions de la vie végétative comprenant la nutrition et la reproduction qui ont pour but de nourrir et de reproduire l'animal.

Et les fonctions de la vie animale comprenant la relation qui a pour but de mettre l'animal en rapport avec le monde extérieur.

Les principales fonctions de nutrition sont :

1° La respiration,
2° La digestion,
3° L'absorption,
4° La circulation du sang,
5° L'assimilation,
6° La sécrétion,
7° L'exhalation.

1° Respiration.

La première de toutes les fonctions de nutrition est sans contredit la respiration ; l'animal le plus fort ne peut se passer de respirer pendant plus de cinq minutes, tandis qu'il peut se passer de manger pendant fort longtemps (surtout les reptiles et les amphibiens).

Cette fonction a pour but de pourvoir l'animal ou l'homme de l'air indispensable et qui, comme vous le savez, se compose d'oxigène et d'azote.

On distingue trois sortes de respirations qu'on nomme la respirations aérienne, la respiration aquatique et la respiration cutanée.

La première de ces respirations a lieu chez l'homme, les mammifères, les oiseaux, les reptiles et les amphibiens. Elle s'opère chez ces divers animaux au moyen des fosses nasales, de la bouche, du larynx, de la trachée-artère, des bronches et des poumons.

On nomme fosses nasales les deux cavités osseuses qu'entoure le nez, l'air entre dans les fosses nasales au moyen de l'aspiration, de là il traverse l'ouverture nommée glotte, derrière laquelle se trouve l'épiglotte, il pénètre ensuite dans le larynx, se distribue dans les deux bronches par les ramifications desquelles il se rend dans les poumons. La circulation aériénne est double ou simple ; elle est double chez l'homme, les mammifères et surtout chez les oiseaux où elle atteint son plus grand développement. Elle est simple chez les reptiles et les amphibiens.

La respiration aquatique a lieu chez les jeunes amphibiens, les poissons, les crustacés, etc. : elle s'opère au moyen d'organes nommés branchies qui se présentent sous la forme de feuillets placés les uns au dessus des autres.

La respiration cutanée a lieu chez les insectes, les arachnides, etc. ; elle s'opère au moyen de trous ressemblant à des cicatrices et nommés pour cela stigmates, ces stigmates sont placés sur diverses parties du corps ; de ces stigmates partent des quantités de vaisseaux capillaires qui portent les bulles d'air dans tout le corps de l'animal.

Inspiration. La respiration se compose de deux phénomènes importants qu'on nomme inspiration et expiration. Le premier de ces phénomènes a lieu quand l'animal aspire l'air, mais c'est surtout chez l'homme et chez les mammifères et les oiseaux que ces deux parties de la respiration sont les plus visibles.

Expiration. L'expiration a lieu au contraire quand l'oxigène de l'air brûle, lorsque le sang traverse l'appareil respiratoire, quand, dis-je, il brûle toutes les parties de ce sang qui sont impropres à la respiration, il se dégage alors du gaz acide carbonique et de la vapeur d'eau que l'animal rejette au dehors en resserrant la cavité thoracique pour remplacer ensuite en la dilatant cet air vicié par de l'air convenable à sa respiration, et renouveler ainsi le phénomène de l'inspiration.

C'est cette combustion, comme nous le verrons plus loin, qui cause la chaleur commune à tout être animé et appelée pour cela *chaleur animale.*

2° Digestion.

Après la respiration, la plus importante fonction est la digestion ; elle se subdivise en huit sous-fonctions, qui sont :

1° La préhension des aliments,
2° L'imbucation,
3° La mastication,
4° L'insalivation,
5° La déglutition,
6° La chymification ou digestion stomacale,
7° La chylification ou digestion intestinale,
8° La dépuration et l'expulsion.

Préhension des aliments.

Cette sous-fonction a pour but de porter les aliments à la bouche. Elle a pour organes : chez l'homme deux mains, chez les singes quatre, chez l'éléphant une trompe, chez les insectes des mandibules, chez les oiseaux le bec et quelquefois les pattes, chez d'autres animaux elle a lieu au moyen de la gueule et des dents.

Imbucation.

Cette sous-fonction, comme la précédente, a lieu chez la plupart des animaux, et consiste, une fois les aliments portés à la bouche, à les introduire dans cette même bouche. Elle a pour organes ceux de la préhension, et de plus la bouche et les lèvres.

Mastication.

La mastication a pour but, une fois les aliments introduits dans la bouche, de les mâcher et de les broyer, pour en faire, aidé de l'insalivation, pour en faire, dis-je, une sorte de pâte roulée en boule et qui porte le nom de *bol alimentaire*. Cette fonction a lieu chez tout le règne hominal, chez la plupart des mammifères, chez quelques oiseaux, chez les reptiles, les poissons, chez beaucoup d'articulés et chez les céphalopodes. Elle a pour organes chez les mammifères, les reptiles et les poissons, des dents ; chez les oiseaux masticateurs, le bec ; chez quelques annélides, des espèces de dents ; chez d'autres articulés, des mandibules ; et chez les mollusques céphalopodes, deux espèces de lèvres ou mâchoires cornées.

Dents. Chez l'homme on en compte quatre espèces qui sont : 1° les grosses mollaires, 2° les petites mollaires, 3° les canines, 4° les incisives.

Les grosses mollaires sont des dents à plusieurs racines : ce sont les dents les plus grosses ; les petites mollaires viennent après ; ces deux sortes de dents servent à broyer.

Les canines, du mot *canis*, qui en latin signifie chien, parce qu'elles sont très-communes chez cet animal, servent à déchirer.

Les incisives, qui se terminent par une lame mince et tranchante, servent à couper.

On distingue trois parties principales dans une dent : 1° la couronne, 2° la dent proprement dite, et 3° la racine. La dent proprement dite est celle qu'on aperçoit au premier abord ; le dessus de cette dent est la couronne ; la racine est cette partie de la dent qui s'enfonce dans l'alvéole. La racine et la dent proprement dites se composent d'une substance nommée ivoire, et la couronne est recouverte par une couche bleuâtre moins dure et plus brillante que l'ivoire et qui porte le nom d'émail ; cet émail disparaît quand les dents sont cariées. La dent prend tout son développement dans l'alvéole dont elle sort peu à peu.

Chez l'homme, les dents ne prennent leur accroissement que de six mois à un an. Elles sortent alors des gencives et sont appelées dents de lait ou de la première dentition. Ces premières dents sont au nombre de vingt; les secondes dents sont en plus grand nombre; et enfin celles de la dernière dentition sont au nombre de trente-deux.

Il est facile à un zoologiste de reconnaître les mœurs et l'instinct d'un animal à la seule observation des mâchoires.

Chez les cétacés, tel que la baleine, la mastication a lieu au moyen de fanons, substance élastique disposée en lames comme les feuillets d'un livre, c'est de ces fanons dont on se sert pour les corsets et qu'on nomme baleines.

Insalivation.

Cette sous-fonction a pour but d'imbiber les aliments de salive pour les réduire en pâte.

La salive est un liquide légèrement salé, sécrété par six glandes granuleuses qui portent le nom de glandes salivaires; deux de ces glandes sont situées au-devant de l'oreille, ce qui leur fait donner le nom de parotides; deux autres sont situées sous les mâchoires, elles portent le nom de submaxillaires; et enfin les deux autres, placées sous la langue, se nomment sublinguales. Elle est aussi sécrétée par des petites fossettes ou follicules en partie placées sous la langue, en partie sur les joues et de chaque côté du gosier et qu'on nomme amygdales.

La salive est composée en grande partie d'eau, de ptyaline et de dyastase animale, de chlorure de sodium (sel marin), de tartrate de soude et d'une petite quantité de soude libre.

Cependant, la salive sécrétée par ces divers organes diffère quelquefois de goût; celle des glandes parotides, par exemple, est plus aqueuse que celle des amygdales, tandis que celle des glandes submaxillaires est, au contraire, plus gluante.

L'insalivation non seulement a pour but de réduire les aliments une fois mâchés en pâte et de les préparer à la déglutition, mais elle joue encore un grand rôle dans la chymification de quelques substances.

Déglutition.

La déglutition est le passage des aliments de la bouche jusque dans l'estomac, à travers le pharynx et l'œsophage.

Une fois les aliments complètement réduits en pâte, ils se rassemblent sur le dos de la langue en une petite masse, appelée bol alimentaire. Ce bol alimentaire se presse contre la cloison charnue que les anatomistes sont convenus d'appeler voile du palais. Cette cloison, qui était restée fermée pendant toute la durée des opérations précédentes, cette cloison, dis-je, s'élève et la déglutition commence ; le bol alimentaire traverse la cavité nommée pharynx ou arrière-bouche, passe de là dans l'œsophage, tube étroit qui descend le long du cou, passe sur le devant de la colonne vertébrale, traverse le muscle diaphragme et se termine dans l'estomac.

Les aliments traversant le pharynx pénètrent quelquefois dans la glotte ouverture du larynx, ce qui arrive lorsque l'on mange trop vite, et ce qui empêche de respirer par les fosses nasales.

Chymification.

Avant de parler des phénomènes de la chymification, parlons d'abord des organes au moyen desquels s'opèrent ces phénomènes.

L'estomac est une sorte de poche membraneuse, qui chez l'homme et chez quelques animaux, a la forme d'une cornemuse. Les aliments pénètrent de l'œsophage dans cet organe au moyen d'une ouverture nommée cardiaque : entrés dans l'estomac, ils sont assez fortement pressés, et quelquefois avec une si grande force, qu'ils rompent la résistance que leur opposait le cardiaque, ils remontent alors et produisent les phénomènes connus sous le nom de vomissements et de régurgitation, phénomènes qui ne se produisent guère qu'après un excès de nourriture. Les aliments retenus dans l'estomac, d'un côté par le cardiaque, d'un autre par le pylore, autre ouverture ainsi nommée de πυλη, porte, et οὐρος, gardien ; et se rassemblent de nouveau et s'imbibent de salive et de suc gastrique (de γαστηρ, ventre), liquide formé par des follicules qu'on remarque en grande quantité sur la membrane muqueuse qui tapisse l'estomac. Ce liquide dissout les aliments à l'instant, et les réduit en pâte ou matière pulpeuse ou semi-liquide qu'on appelle chyme. La chymification faite, les aliments sont poussés vers le pylore qui s'ouvre pour leur donner passage, et les pousse dans l'intestin grêle où doit s'accomplir la chylification.

Nous devons à l'abbé Spallanzanni, et au docteur américain Beaumont, les plus remarquables expériences faites sur la nature du travail digestif.

Chylification.

Les intestins sont de longs tubes membraneux, plus longs chez les herbivores que chez les omnivores, et chez les omnivores que chez les carnassiers ; ils sont repliés et contournés sur eux-mêmes et se divisent en deux parties, qui sont l'intestin grêle et le gros intestin. Ces deux parties des intestins sont enveloppées par une membrane transparente nommée péritoine.

C'est dans l'intérieur de l'intestin grêle que se fait la chylification ; là, les aliments se mêlent avec la bile, le fiel et le suc pancréatique qui changent peu-à-peu les propriétés du chyme et le transforment en chyle ; il devient jaunâtre, amère, alcalin, prend de la consistance et une couleur plus foncée.

La bile, le fiel et le suc pancréatique, au moyen desquels le chyme s'est changé en chyle, sont sécrétés : le premier, par le foie, qui est le viscère le plus volumineux du corps. Il est d'un rouge brun, sa substance est molle et granuleuse, il est adhérent à une poche membraneuse nommée vésicule du fiel.

Le foie dégénère à mesure qu'on descend dans l'échelle animale ; ainsi, chez les crustacés, c'est une agglomération de petits tubes terminés en cul de sac : chez les insectes, c'est des vaisseaux simples ; chez quelques zoophites, c'est un tissu glandulaire qui entoure une portion de l'intestin, et enfin chez la plupart de ces animaux, il est tout-à-fait nul.

La bile est un liquide visqueux, filant, verdâtre, excessivement amère ; elle se compose d'eau, d'un sel de soude uni à un acide gras et d'une nature particulière, de cholestérine, d'un peu d'oléate de soude, de mucus et d'un principe colorant.

Le suc pancréatique est formé par une glande nommée pancréas, parce qu'on la supposait, mais à tort, excessivement charnue : ce liquide a beaucoup d'analogie avec la salive, mais il possède en outre la faculté d'émulsionner rapidement les graisses. Le chyme devenu chyle dans l'intestin grêle, traverse les vaisseaux chylifères, est absorbé par les villosités dont les parois de la membrane muqueuse de l'intestin est garnie ; débouche ensuite dans les vaisseaux lymphatiques naissant de ces villosités et coule avec assez de vitesse dans le canal thoracique. A mesure qu'il avance vers la veine sous-clavière ses qualités changent, il se charge peu-à-peu de fibrine, devient rose et ne tarde pas à se confondre avec le sang.

Dépuration et Expulsion.

Ces fonctions ont pour organe le gros intestin qui se divise en trois parties, qui sont le cœcum, le colon et le rectum.

Les aliments non liquéfiés traversent d'abord le cœcum, puis remontent dans le colon vers le foie, traversent l'abdomen immédiatement au-dessous de l'estomac et redescendent du côté gauche pour gagner le bassin ; ils quittent alors le colon et prennent le rectum, dans les cavités duquel ils s'accumulent jusqu'à ce que le diaphragme et les autres muscles de l'abdomen aidant, le muscle sphyncter se desserre et laisse passer les matières fécales qui, dans le trajet du cœcum au rectum, ont pris de la consistance, une couleur jaune brune et une odeur particulière, les laisse, dis-je, traverser librement l'anus.

3° Absorption.

L'absorption est la faculté qu'ont les animaux d'introduire dans la masse de leurs humeurs les liquides qui les entourent.

Il y a deux sortes d'absorption : 1° la simple,

qui a été découverte par Dutrochet, qui lui a donné le nom d'endosmose, et 2° l'absorption double.

Absorption simple ou d'Endosmose.

Cette absorption a lieu chez tous les animaux, c'est la seule qui ait lieu chez presque tous les animaux inférieurs. Dutrochet l'a constaté en faisant l'expérience suivante :

Il monta un appareil qui se composait d'un tube droit, à la base duquel était attaché un petit sac membraneux rempli d'eau gommée qu'il plaça dans un vase rempli d'eau pure ; il ne tarda pas à voir l'eau pure traverser le sac membraneux et s'élever assez rapidement dans l'intérieur du tube. Lorsqu'au contraire il plaçait l'eau gommée dans le vase et l'eau pure dans le sac, l'eau pure traversait le sac et débordait autour du vase.

On a aussi fait depuis plusieurs expériences sur des animaux, et les résultats amenèrent tous la preuve que le phénomène d'absorption chez tous les animaux, en général, et chez les animaux inférieurs surtout, le phénomène d'absorption était parfaitement le même que celui que Dutrochet avait constaté en faisant son expérience.

Absorption double.

Outre cette absorption d'endosmose, on en remarque encore une autre chez l'homme et les animaux vertébrés, et voici en quoi elle consiste :

une fois que les liquides pompés pour ainsi dire par la masse des humeurs sont parvenus dans l'intérieur de l'organisation, ils continuent, chez les animaux inférieurs, de s'absorber indifféremment de tous côtés ; tandis que chez les vertébrés, et surtout chez l'homme et les animaux les plus supérieurs, au moment où ces substances étrangères pénètrent dans les vaisseaux dont les tissus sont creusés et qu'elles s'y mêlent aux sucs nourriciers du corps, au lieu de continuer à se répandre de proche en proche, elles sont entraînées par les courants de la circulation et vont se mêler au sang.

4° Circulation du sang.

La découverte de ce phénomène est due à Harvey qui vivait au dix-septième siècle, et qui fut tour-à-tour médecin de Jacques 1er et de Charles 1er.

Cette fonction est la suite immédiate des précédentes ; elle a pour but de transporter le sang d'une partie du corps à l'autre, d'épaissir les chairs au moyen de l'assimilation et les différents tissus dont se compose le corps d'un animal, de faire croître enfin toutes les parties de l'animal.

On connaît deux espèces de circulation : 1° la grande qui se fait dans tout le corps de l'animal, 2° la petite qui se fait lentement dans le cœur et les poumons.

Sang. Ce liquide indispensable à la vie, et qui est le résultat de la décomposition, ou pour mieux dire de la liquéfaction des aliments, n'est pas de la même couleur et de la même composition chez tous les animaux.

Chez l'homme, chez tous les vertébrés, chez quelques annélides, le sang est de couleur rouge; chez l'homme et les animaux vertébrés, il se compose d'un liquide jaunâtre et transparent qui a reçu le nom de sérum; et 2° de petits corpuscules solides, réguliers, de couleur rouge qui nagent dans le fluide dont nous venons de parler, et qui portent le nom de globules du sang. Ces globules sont circulaires chez l'homme et la plupart des mammifères, tandis que chez les oiseaux, les bactraciens et les reptiles, ils ont une forme elliptique; de plus, elles sont beaucoup plus grosses que chez les animaux précédents.

Chez tous les autres animaux, ce sang est tantôt blanchâtre, tantôt légèrement teinté en jaune, en vert, en rose ou en lilas. Les globules se présentent rarement dans ce sang et sont irrégulières, même dans les animaux de la même espèce.

Grande Circulation.

La grande circulation se fait chez tous les animaux; elle a pour organes le cœur et les artères.

Le cœur a la forme d'un cône renversé dont la pointe est sensiblement du côté gauche: ce qui cause l'erreur de beaucoup de personnes qui pensent que le cœur est placé dans le côté gauche de la poitrine. Les artères sont des canaux membraneux, et non transparents, chargés de transporter jusque dans les extrémités le sang qui est alors d'un beau rouge foncé, et qu'on nomme sang artériel.

Le sang part du cœur, se partage dans l'artère et se répand dans toutes les ramifications artérielles. Arrivé aux extrémités, il est épuisé, il a changé sa belle couleur d'un rouge foncé contre une couleur noirâtre. Il passe alors dans des petits tubes membraneux, mais fins et déliés, qu'on nomme pour cela *vaisseaux capillaires*, et par lesquels il va se rendre aux veines, pour revenir au cœur et commencer la petite circulation.

Petite Circulation.

Cette circulation n'a lieu que chez l'homme et les animaux vertébrés. Elle a pour organes le cœur et l'appareil respiratoire. Ce sang noirâtre et qu'on nomme sang veineux, traverse l'appareil respiratoire où l'oxigène de l'air brûle toutes les parties impropres à la circulation, et, comme nous l'avons déjà dit, produit le phénomène d'expiration en laissant échapper le gaz acide carbonique et la vapeur d'eau. Une fois que le sang a repris son état normal, il passe des veines pulmonaires dans l'oreillette gauche; celle-ci se contractant le fait passer dans le ventricule gauche qui le pousse à son tour dans le ventricule droit; il traverse ensuite l'oreillette droite, et part pour recommencer la grande circulation.

5° Assimilation.

L'assimilation a pour but de réunir et d'incorporer à la masse des chairs les diverses parties dont se compose le sang : c'est, pour ainsi dire, le résumé, ou mieux, le but des fonctions précédentes. Jusqu'à présent on n'est pas parvenu à découvrir la nature du travail de cette fonction. C'est au moyen de ce travail que le corps des animaux croît en tout ou en partie, et que diverses parties du corps chez quelques autres (tels que les sauriens et presque tous les invertébrés), repoussent après avoir été cassés ou séparés par quelques accidents : c'est ce qui explique la découverte qu'on fait souvent d'une écrevisse, dont une des pinces est souvent considérablement plus petite que l'autre, ou d'un lézard à deux ou trois queues.

6° Sécrétion.

Cette fonction a pour but de former les humeurs spéciales qui dans l'économie animale se reproduisent aux dépens du sang et diffèrent essentiellement de la partie séreuse de ce liquide.

Les sécrétions sont internes, lorsqu'elles ont lieu à l'intérieur, comme, par exemple, la sécrétion de la salive, de la bile, des sucs gastriques et pancréatiques, etc.; elles sont, au contraire, externes, quand elles s'effectuent à l'extérieur, comme la sécrétion des larmes, du lait, de l'urine, etc.

Les organes de la sécrétion portent le nom de glandes, de ganglions, de follicules, de cryptes, etc.

Les glandes portent encore différents noms : ce sont elles qui sécrètent les larmes, la salive, le lait, l'urine, sous les noms de glandes lacrymales, salivaires, mammaires, urinaires, etc.

Les follicules sont des espèces de petits sacs ; les cryptes ont l'apparence de fossettes ou de poches ; quant aux ganglions, ce sont aussi des espèces de glandes qu'on connaît sous les noms de ganglions mésentériques, vasculaires, etc.

7° L'Exhalation.

L'exhalation a pour but de dégager les substances alimentaires impropres à se mêler au sang, de celles qui le sont.

On distingue deux sortes d'exhalation : l'une externe qui s'effectue au moyen d'une transpiration insensible causée soit par l'élévation de la température, par l'agitation de l'air, par sa sécheresse, par la diminution de la pression atmosphérique, etc. L'élaboration du gaz acide carbonique et de la vapeur d'eau est aussi un effet de l'exhalation externe.

La seconde, ou l'exhalation interne, s'effectue par la formation d'humeurs qui humectent continuellement les membranes séreuses dont les grands viscères céphaliens, thoraciens et abdominaux sont enveloppés.

Lorsque l'exhalation interne surpasse l'externe, il se forme dans les diverses cavités du corps des accumulations d'eau qui causent les maladies connues sous le nom d'hydropisies.

Conclusion des fonctions de nutrition. Théorie de la chaleur animale.

Ce qu'on nomme chaleur animale est causé par la combustion des matières impropres à la circulation du sang. Tous les animaux produisent une certaine quantité de cette chaleur, mais plus ou moins, et chez la plupart elle est à peine sensible; de là le nom d'animaux à sang chaud que l'on donne à ceux qui produisent le plus de chaleur, et celui d'animaux à sang froid que l'on donne, au contraire, à ceux qui en produisent le moins. L'homme, les mammifères et surtout les oiseaux, prennent place au rang des animaux à sang chaud; tous les autres animaux sont au contraire à sang froid.

Animaux hibernants. On nomme animaux hibernants des animaux qui passent l'hiver dans un engourdissement léthargique : ce sont tous les animaux à sang froid, et quelques mammifères qui vivent comme l'ours blanc de la mer glaciale, les marmottes, etc.; dans des pays où la température est glaciale, si l'on place, l'hiver, un de ces animaux hibernants dans un endroit chaud, il ne s'engourdira pas: ainsi, l'on a vu des marmottes et des reptiles qui dans un abri quelconque passaient l'hiver sans s'engourdir nullement. J'en ai moi-même fait l'expérience en allant l'hiver chercher des insectes dans la mousse et les détritus de végétaux : si je plaçais ces insectes sur la paume de ma main, la chaleur de celle-ci suffisait pour les tirer de cet engourdissement, et ils se sauvaient de tous côtés.

QUESTIONNAIRE.

Quelles sont les fonctions de la vie végétative? — Quelles sont celles de la vie animale? — Citez-nous les principales fonctions de nutrition? — Quel est le but de la respiration? — Quels sont les organes de la respiration? — Qu'entend-on par inspiration et par expiration? — Qu'elles sont les principales espèces de respirations, et chez quels animaux ces principales espèces fonctionnent-elles? — Qu'est-ce que la digestion? — Quelles sont ses subdivisions? — Qu'est-ce que la préhension des aliments, et quels sont ses organes? — Qu'est-ce que l'imbucation, et quels sont ses organes? — Qu'est-ce que la mastication? — Chez quels animaux a-t-elle lieu? — Quels sont ses organes? — Combien y a-t-il d'espèces de dents? — De combien de parties se compose une dent? — A quoi sert chaque espèce de dents? — Où la dent prend-elle son développement? — Qu'appelle-t-on dent de lait? — Quel est le nombre des dents de lait? — Quel est le nombre des dents de la dernière dentition chez l'homme? — Quel est l'organe de la mastication chez la baleine? — Qu'entend-on par insalivation, et quels sont ses organes? — Quelle est la composition chimique de la salive? — Quel est le but de l'insalivation? — Qu'entend-on par déglutition? — Qu'appelle-t-on bol alimentaire? — Quel est le trajet du bol alimentaire? — Quels sont les phénomènes de la chymification, et quels sont ses organes? — A qui devons-nous la découverte de la nature du travail digestif? — Qu'entend-on par chymification? — Où s'opèrent les phénomènes de cette fonction, et au moyen de quels liquides? — Qu'entend-on par dépuration et expulsion? — Quels en sont les phénomènes et les organes? — Qu'entend-on par absorption et par endosmose? — A qui devons-nous la découverte de la circulation du sang? — Combien y a-t-il d'espèces de circulations? — Qu'entend-on par grande circulation, et quels en sont les organes? — Qu'entend-on par petite circulation, et quels en sont les organes? — Qu'est-ce que le sang artériel? — Qu'est-ce que le sang veineux? — Quelle est la composition et la couleur du sang chez les différents animaux? — Qu'est-ce que l'assimilation? — Qu'entend-on par sécrétion interne et externe? — Quel est le but de la sécrétion? — Qu'appelle-t-on glandes, follicules, cryptes, ganglions, etc. — Qu'est-ce que l'exhalation? — Qu'appelle-t-on exhalation interne et externe? — Quelle est la cause des hydropisies? — Qu'appelle-t-on chaleur animale? — Qu'est-ce que les animaux à sang chaud et à sang froid? — Quels sont-ils? — Qu'appelle-t-on animaux hibernants?

CHAPITRE II.

Fonctions de relation. — Système nerveux. — Locomotion. — Ostéologie et Charpentes animales. — Appareil des cinq sens. — De l'intelligence de l'homme. — De l'instinct des animaux.

Les fonctions de relation sont celles qui ont pour but de mettre l'animal en rapport avec le monde extérieur par différents moyens, qui sont : la sensibilité, la contractilité, la volonté, l'instinct, l'expression, l'intelligence d'un côté et la locomotion de l'autre. Les premières de ces facultés sont mues par le système nerveux ; quant à la locomotion, c'est par le système musculaire.

Système nerveux.

On nomme système nerveux une matière molle, pulpeuse, élastique, blanche ou grise, qui se présente en masse ou en cordons fins et déliés. Sous la première forme elle porte le nom de ganglions, sous la seconde elle a celui de nerfs.

Le système nerveux se compose de l'encéphale (réunion du cerveau et du cervelet), de la moëlle épinière, et des paires de nerfs qui partent de celle-ci.

Sensibilité et contractilité.

La sensibilité est la faculté qu'ont les animaux de recevoir des impressions et d'en avoir conscience. La contractilité est le pouvoir qu'ils ont, une fois les impressions reçues, de se raccornir ou de se dilater, selon que l'impression est mauvaire ou bonne.

Comme nous l'avons déjà dit, la sensibilité est commune à tous les animaux ; elle a pour organe les nerfs, et pour siége l'encéphale. De même que pour les autres fonctions, à mesure que la sensibilité se complique, le système nerveux se complique aussi. Les appareils au moyen desquels la sensibilité a lieu se nomment sens ; les phénomènes qui la produisent portent le nom de sensations.

Des Sens. On nomme sens la faculté qu'ont certains organes de recevoir des impressions de différentes natures.

Il y a cinq sens, qui font communiquer l'animal avec le monde extérieur; il y a de plus chez l'homme un sixième sens qui n'a pas d'organes propres, dont on croit que le siége est placé dans le cerveau, qu'on nomme sens intime ou conscience, qui fait communiquer l'homme avec son monde intérieur.

Les cinq premiers sens sont : *la Vue, l'Ouïe, l'Odorat, le Goût* et *le Toucher.*

Du sens de la Vue.

L'organe de la vue est l'œil, qui chez l'homme et les animaux supérieurs a la forme d'un globe composé de plusieurs parties distinctes et duquel part un gros nerf qu'on nomme nerf optique; dans les animaux inférieurs, c'est chez les mollusques céphalopodes que l'œil est le plus compliqué; chez les mollusques acéphales, au contraire, il manque comme la plupart des autres sens; chez la plupart des mollusques gastéropodes il est placé à l'extrémité de cet appareil membraneux qu'on nomme communément les cornes de l'animal, appareil qui se retourne comme un doigt de gant pour rentrer dans la tête de l'animal. Chez les insectes ce sont de petits ronds simples ou à facettes; chez la plupart des zoophytes ce sont de petits points brillants.

Les phénomènes qu'on nomme chez l'homme et chez quelques animaux supérieurs, *presbytisme* et *myopie*, sont causés par des états particuliers des différentes parties de l'œil nommées *cornée*, *cristallin* et *pupille*.

Chez les hommes et chez les animaux Albinos, cette vision, si imparfaite pendant le jour, qu'ils peuvent à peine se conduire, est due à l'absence de la matière noire qui chez les autres animaux est située derrière la rétine et tapisse tout le fond de l'œil ainsi que la face postérieure de l'iris. Ce pigment, qui a pour but d'absorber immédiatement la lumière après qu'elle a traversé la rétine n'existant pas, cette lumière, qui est réfléchie par d'autres points de cette membrane, trouble considérablement la vue.

Du sens de l'Ouïe.

L'audition est le sens qui a pout but de nous faire connaître les sons produits par les corps vibrants.

L'organe de l'ouïe porte le nom d'appareil auditif et communément celui d'oreille. Cet appareil, chez l'homme et chez la plupart des mammifères, se divise en trois parties qu'on nomme : l'oreille externe, la moyenne et l'interne. La grande quantité de parties dont se compose l'appareil auditif sont pour la plupart d'une petitesse extrême et renfermées presqu'en entier dans l'épaisseur d'une saillie osseuse placée au bas de l'os temporal et nommée le rocher, à cause de sa dureté.

L'oreille externe, cette espèce de conque charnue placée à l'extérieur et des deux côtés de la tête, se compose : du pavillon de l'oreille et du conduit auriculaire. L'oreille moyenne se compose du tympan, de la caisse et des parties qui en dépendent; enfin, l'oreille interne se compose du vestibule, des canaux semi-circulaires et du limaçon.

L'oreille externe n'existe complètement que chez la plupart des mammifères. Cependant chez les oiseaux nocturnes (surtout chez l'effraye), on remarque, en soulevant un peu les plumes, un repli circulaire de la peau entouré de plumes formant comme une oreille externe. Chez les reptiles l'oreille externe manque entièrement; chez les poissons, non seulement l'externe manque, mais même la moyenne; chez les mollusques, l'appareil auditif se simplifie de plus en plus; chez les insectes et tous les articulés, quoique certain qu'ils ont une audition, on n'est pas encore parvenu à découvrir quel en pouvait être l'organe. Quant aux zoophites et aux animaux tout-à-fait inférieurs, ce sens paraît leur manquer complètement.

Du sens de l'Odorat.

L'odorat est le sens au moyen duquel les animaux ont l'idée des odeurs. Pour éprouver cette sensation, il faut que les molécules excessivement minimes d'un corps odorant soient aspirées et s'imbibent dans le liquide qu'on nomme mucus nasal, qui communique au nerf olfactif chargé de porter cette sensation au cerveau.

L'organe olfactif se compose des diverses parties des fosses nasales et des nerfs qui s'y rendent. Cet appareil est très-compliqué chez la plupart des mammifères et des oiseaux, mais surtout chez les mammifères carnivores, les pachydermes, quelques ruminants, et chez les oiseaux qui, tels que les vautours, les gypaètes, les condors, les sarcoramphes, etc., vivent de charognes. Ce sens est si développé chez eux, que quand l'on chasse les pachydermes et les ruminants, les chasseurs ont soin de s'approcher d'eux sous le vent. Le célèbre naturaliste Le

Vaillant, voyageant en Afrique, a eu l'occasion de le remarquer plusieurs fois. Un jour entre autres, il venait de tuer trois zèbres : il avait couru chercher un charriot à son camp, qui n'était éloigné que d'une petite lieue ; à son retour il ne trouva plus que les ossements des zèbres, sur lesquels s'acharnaient encore des centaines de vautours, dont vingt minutes auparavant on ne voyait pas un seul à dix lieues à la ronde.

Chez beaucoup d'animaux inférieurs le sens de l'odorat est très-fin, quoiqu'on n'aie pas encore découvert d'appareils spéciaux. Ainsi chez les insectes, par exemple, dès que les émanations d'un corps en putréfaction se répandent dans les airs, on voit accourir de toute part des insectes nommés *nécrophores*, des *bousiers*, des *atteuchus*, qui viennent s'acharner dessus comme autant de vautours. Si on enferme dans une boîte ayant quelques petits trous la femelle d'un papillon, et qu'on laisse le mâle en liberté, on le verra, guidé par les émanations de la femelle, s'approcher de la boîte.

Quantité d'expériences faites dans cette intention font présumer que le siége de ce sens réside, chez les insectes, dans leurs antennes ou cornes.

Du sens du Goût.

Le goût est le sens au moyen duquel l'animal a l'idée des saveurs. Comme le sens du toucher, il est général à tous les animaux ; comme lui aussi il est mis en jeu par le contact des objets

extérieurs sur certaines surfaces de notre corps.
Pour que les corps soient susceptibles de saveurs, il faut qu'ils soient dissous.

L'appareil gustatif ou du goût se compose de la langue, de ses papilles, du palais et de certains nerfs qui dépendent de ces deux organes.

Chez l'homme, et chez tous les mammifères, le goût est très-développé; il l'est moins chez les oiseaux et les reptiles; chez les poissons et les animaux inférieurs, il est presque nul et n'a pas pour siège d'organes particuliers.

Du sens du Toucher.

Ce sens a pour but de faire connaître à l'animal la forme et les propriétés physiques des corps; il est général à tous les animaux; chez l'homme et les quadrumanes, il a pour siège la peau et surtout l'extrémité des membres; chez les autres vertébrés, c'est au moyen de la bouche et des lèvres pour la plupart; chez les animaux inférieurs, c'est en général au moyen de la bouche, des antennes, des palpes et des tentacules.

De la peau. On nomme peau, cette membrane qui recouvre le corps des animaux comme une seule pièce; elle n'est le siège de la sensibilité que chez l'homme et chez les quadrumanes; car elle est chez les autres couverte de poils pour les uns, d'écailles et de plumes pour d'autres. Elle se compose de deux parties principales qui sont : 1° l'épiderme, et 2° le derme ou chorion. C'est dans le derme que sont placés les papilles de la peau; à la surface de l'épiderme, se remarquent les pores , espèces de petits trous qui donnent passage à la sueur qu'il ne faut pas confondre avec la transpiration insensible, produit de l'exhalation.

De la Locomotion.

La locomotion est le pouvoir qu'a l'animal de se transporter d'un lieu à un autre ou un de ses membres d'une partie de son corps à l'autre. Cette faculté a lieu au moyen des muscles , de la charpente ou squelette de l'animal , de quelques parties du système nerveux, surtout de l'encéphale et des ganglions. Comme toujours , si l'on commence au bas de l'échelle animale , on voit que plus l'on s'élève , plus l'appareil locomoteur et musculaire est développé.

Muscles. On nomme muscles des organes épais, charnus , élastiques et très-durs , surtout quand ils se contractent. On leur donne différents noms suivant leur forme et la partie du corps qu'ils occupent. L'influence de l'encéphale et du système nerveux sur la contraction musculaire a été prouvée par une multitude d'expériences concluantes faites par MM. Magendie , Flourens, etc., et l'on voit facilement que par la seule influence de l'action du cerveau l'énergie des contractions musculaires peut être portée à un degré extraordinaire : on connaît la force d'un homme en colère , celle , dans le même état , d'une personne nerveuse , mais d'apparence débile.

Du Squelette.

Le squelette dans un animal est comme la

charpente sur laquelle son corps est placé; il est interne, c'est-à-dire placé dans les profondeurs de l'organisation, chez l'homme et chez tous les animaux vertébrés; il est externe au contraire chez tous les autres animaux, si ce n'est dans le genre de mollusques céphalopodes qui porte le nom de Seiche et qui a dans l'intérieur de son organisation une partie dure, ovale, feuilletée et friable que l'on donne aux canaris pour s'aiguiser le bec et que l'on honore improprement du nom d'os.

Squelette interne.

Le squelette interne se compose de pièces dures ou cartilagineuses comme chez la raie, articulées ensemble et formant un tout solide au moyen des ligaments et des attaches musculaires. Ces os s'articulent de trois manières différentes qui sont : l'articulation par juxtaposition, qui a lieu lorsque deux os sont placés l'un à côté de l'autre sans pouvoir se déplacer; celle par engrenage a lieu lorsque les aspérités d'un os s'enfoncent dans le creux ou la rainure d'un autre; celle par implantation a lieu lorsqu'un os est enchâssé dans une cavité creusée dans l'os qui lui sert de base. Ainsi la rotule ou os du genoux, par exemple, est articulée par juxtaposition; le fémur l'est par engrenage, les dents seules le sont par implantation.

Voici du reste le tableau des grandes divisions du squelette chez l'homme :

Squelette chez l'homme

Tête.
Crâne. — partie supérieure . . . . . .
Crâne. — partie inférieure . . . . . .
Face. — partie supérieure . . . . . .
Face. — partie inférieure . . . . . .

Tronc.
Épaules . . — clavicule, omoplate, vertèbres cervicales.
Thorax . . — partie antérieure . . . . . .
Thorax . . — partie postérieure . . . . .
Vertèbres. . — lombaires placées entre le thorax et le bassin.
Bassin . . . — dernières vertèbres lombaires, sacrum, os iliaques ou hanches.

Membres...
Bras . . .
Bras . . . | humérus.
Avant-Bras | radius, cubitus.
Mains . — carpes, métacarpes.
Mains . — phalanges, phalangettes, phalangines.

Jambes..
Cuisses. | fémur.
Genoux | rotule.
Mollets. | tibia et péroné.
Pieds. . — tarses, métatarses, phalanges, phalangettes, phalangines.

os pariétaux, os frontal, os occipital, etc.
os temporaux, rochers de l'oreille, sphénoïdes, ethmoïde, arcades zygomatiques.

orbites des yeux, fosses nasales ; os jugaux, os palatins, mâchoire et dents supérieures.
mâchoires et dents inférieures.

sternum, côtes, fausses côtes.
vertèbres dorsales, côtes, fausses côtes.

Du Squelette chez les autres animaux.

Chez les mammifères pour la plupart le squelette est semblable à celui de l'homme ; seulement, il y a en outre une quantité plus ou moins grande de vertèbres coccyginales ou de la queue, un os pénial chez le chien, l'omoplate manque chez quelques-uns ; chez les oiseaux, les membres antérieurs sont transformés en aîles ; chez les poissons, ils sont transformés en nageoires ; le squelette chez eux, ainsi que chez les reptiles, commence à dégénérer, de telle sorte qu'ils arrivent à ne plus avoir qu'une tête et une sorte de longue colonne vertébrale couverte d'un bout à l'autre de grandes apophyses ayant la forme de petites côtes.

Chez les animaux invertébrés le squelette est externe et couvre, comme le ferait la peau, toutes les parties du corps ; chez les uns il est semblable à une substance cornée ; chez les insectes, par exemple ; chez d'autres, tels que les crustacés, les polypiers, etc., il est calcaire ou pierreux ; et enfin chez quelques-uns, il est tantôt fibreux, tantôt cartilagineux.

Des différentes sortes de Locomotions et d'attitudes.

On nomme en zoologie, attitude, les formes différentes que prend le corps d'un animal ; les différentes sortes d'attitudes sont : la *station*, qui est l'attitude de la halte qui se fait ordinairement sur les deux membres postérieurs chez l'homme, sur les pattes chez les animaux qui en sont pourvus, et sur toute la longueur du corps chez ceux qui en sont dépourvus.

Le repos est une espèce de station qui se fait chez l'homme soit assis, soit couché; chez d'autres animaux, couchés ou droits sur les pattes. L'éléphant se tient droit ayant le corps penché contre un arbre. Les oiseaux se tiennent sur leurs pattes ainsi que tous les articulés; les mollusques et les reptiles chéloniens (tortues) se contentent de rentrer les uns dans leur coquille, les autres dans leur carapace.

La marche a lieu chez tous les animaux au moyen des pattes, et chez quelques-uns seulement au moyen des postérieurs; chez l'homme et les quadrumanes, par exemple.

La course est la marche précipitée.

Le saut est la marche par bonds; il a lieu chez les quadrupèdes au moyen des pattes postérieures; les chats et les animaux sauteurs se ramassent en boules, puis déploient le corps avec rapidité et en se poussant avec les pattes font de très-grands bonds; c'est absolument ce qui a lieu quand, après avoir plié une baleine d'un bout à l'autre, on la lâche rapidement. Chez les kanguroos, les sarigues et les gerboises, animaux sauteurs par excellence, les pattes postérieures sont considérablement plus longues que les antérieures.

La natation et le vol. Ces deux modes de locomotions ont beaucoup de ressemblance avec le saut ; seulement, au lieu d'avoir lieu sur la terre, ils ont lieu le premier dans l'eau, le second dans l'air ; ils s'opèrent tous deux également en repoussant le fluide dont la force de résistance pousse l'animal en avant. Les animaux nageurs sont pourvus les uns de nageoires, d'autres de larges pattes ; chez d'autres enfin, les doigts sont réunis par des replis de peau : chez les animaux qui volent, les membres antérieurs sont transformés en ailes.

Différentes sortes de Sons.

Les sons sont aussi des moyens que les animaux emploient pour établir des rapports entre eux : chez les animaux inférieurs, ces sons ne proviennent que de l'attouchement violent de deux organes ensemble ; ainsi chez les crustacés, c'est en frappant leurs deux pinces l'une contre l'autre ; chez les céphalopodes, c'est en frappant ensemble leurs deux mâchoires cornées ; chez les grillons et certaines sauterelles, c'est en frottant rapidement leurs larges cuisses contre leur abdomen ; chez la cigale, c'est au moyen d'un appareil que le mâle seul possède, etc. ; chez quelques animaux supérieurs, au contraire, c'est au moyen de l'appareil respiratoire, en brisant l'air au moyen de divers mouvements du larynx et des cordes vocales que le son se produit. Dans les poissons, aucuns ne produisent de sons qui leur soient propres, si ce n'est toutefois celui nommé pour cela grognon. Les rep-

tiles ont une espèce de sifflement ; les bactraciens forment un son qu'on nomme coassement.
Les sons que produisent les oiseaux portent
communément le nom de chants et de cris. Enfin,
ceux que produisent les mammifères portent les
noms de cris, de rugissements, de braiements,
de hennissements, de bèlements, etc. Seul,
l'homme peut diversifier ses sons et en former
des sons réguliers qu'on nomme voie et parole :
il peut seul imiter les cris de tous les autres
animaux, parce que seul il est doué d'intelligence.

QUESTIONNAIRE.

Quel est le but des fonctions de relation ? — De quoi
se compose le système nerveux ? — Qu'est-ce que la
sensibilité ? — Qu'entend-on par sens ? — Combien il y
a-t-il de sens ? — Quels sont-ils ? — Quel est l'organe de
la vue ? — Quel est la forme de l'œil ? — Quels sont les
animaux inférieurs chez lesquels l'œil est le plus développé ? — Quel est l'appareil oculaire des mollusques
gastéropodes ? — Sous quel état extérieur se présente-
t-il chez les insectes et les zoophites ? — Qu'appelle-t-on
presbytisme et myopie ? — Pourquoi les Albinos n'y
voient-ils pas le jour ? — Quel est le but de l'audition ?
— Quel est l'appareil de l'audition ? — Qu'appelle-t-on
rocher ? — Comment divise-t-on l'oreille chez l'homme ?
— De quelles parties se composent l'oreille externe,
la moyenne et l'interne ? — Comment se simplifie l'appareil auditif chez les animaux inférieurs ? — Quel est
le but de l'odorat ? — Quel est l'appareil olfactif ? —
Quels sont les animaux chez lesquels ce sens est le plus
développé ? — Qu'arriva-t-il à Levaillant dans ses voyages
en Afrique ? — Où présume-t-on que réside le siége de
l'odorat chez les insectes ? — Qu'est-ce que le goût ?
— Est-il général à tous les animaux ? — Quelle est la

condition au moyen de laquelle les corps sont susceptibles de saveurs? — De quoi se compose l'appareil gustatif? — Quel est le développement du goût chez les
différents animaux ? — Quel est le but du toucher? —
Quel est le siège du toucher chez les différents animaux?
— Qu'appelle-t-on peau? — Quelles sont les deux principales parties de la peau? — Dans quelle partie se trouvent
placées les papilles nerveuses de la peau? — Dans quelle
partie se trouvent placés les pores? — Qu'est-ce que
la locomotion ? — Quels sont ses organes? — Qu'appelle-t-on muscles ? — Quelle est l'influence de l'encéphale et du système nerveux sur cette faculté? — Qu'entend-on par squelette? — Quand est-il interne et quand
est-il externe ? — Qu'est-ce que le squelette interne ? —
Comment sont articulés les différentes parties du squelette interne ? — Comment se divise le squelette chez
l'homme? — De combien de parties se compose la tête?
— Quels sont les os de la partie supérieure du crâne?
— Quels sont ceux de la partie inférieure? — Quels
sont les os de la partie supérieure de la face? — Quels
sont ceux de la partie inférieure? — De combien de
parties se compose le tronc? — Quels sont les os de
l'épaule et auxquels se rattache l'épaule? — Quels sont
les os de la partie antérieure du thorax? — Quels sont
ceux de la partie postérieure? — Où se trouvent placées
les vertèbres lombaires. — Quels sont les os qui con-
courent à former le bassin? — De combien de parties
se composent les membres? — Quels sont les os du
bras, de l'avant-bras et de la main? — Quels sont ceux
de la cuisse, du genoux, du mollet et du pied. — Citez-
nous les principales différences qui existent dans le
squelette des autres animaux? — De quelle nature est
le squelette externe? — Combien y a-t-il d'espèces
de vertèbres? — Qu'appelle-t-on attitude? — Qu'est-ce
que la station et le repos? — Qu'est-ce que la marche
et la course? — Qu'est-ce que le saut? — Qu'est-ce que
la natation et le vol? — Quels sont les différents phénomènes et les différents mécanismes de ces diverses
attitudes? — Qu'est-ce que les sons? — Quelles sont
les différentes espèces de sons? — Quels sont les organes
qui les produisent.

DEUXIÈME PARTIE.

Classifications générales et partielles des animaux ;
histoire de leurs mœurs, de leurs instincts,
de leur utilité.

CHAPITRE PREMIER.

—

De l'Homme. — Grandes Divisions du règne Animal. — Subdivisions des Mammifères. — Subdivisions des Oiseaux. — Subdivisions des Reptiles. — Subdivisions des Amphibiens. — Subdivisions des Poissons. — Subdivisions des Sélaques.

Règne Hominal.

De l'Homme.

L'homme se distingue des animaux tant par sa forme extérieure que par son intelligence; sa station est perpendiculaire, sa figure noble et belle reflète les sentiments de son âme, ses yeux en sont l'organe le plus fidèle; dans cette image des pensées de son cœur, tout s'y lit : douceur et colère, grandeur d'âme et bassesse, vertus et vices, courage et lâcheté; il est extrêmement rare qu'il soit assez dissimulé pour pouvoir cacher ses vices sous le masque de l'hypocrisie; enfin, pour tout dire, Dieu a fait l'homme si parfait que, jusque dans ses débauches, il porte le cachet de cette beauté originelle dont il s'est volontairement dépouillé. De plus, l'organisation intérieure de l'homme s'élève au-dessus de celle des autres animaux; il possède un appareil organique des plus compliqués, les cinq sens sont chez lui assez élevés; mais c'est surtout par son intelligence qu'il en diffère. Ce qui prouve le plus

cette intelligence de l'homme et l'abîme insondable qui existe entre elle et l'instinct des animaux , c'est que dès leur naissance les animaux
ont un seul genre d'industrie , qu'ils l'ont aussi
développé que leurs parents et qu'ils ne sont susceptibles d'aucune amélioration ; tandis que
l'homme naît au contraire faible, chétif, sans industrie aucune ; mais que peu-à-peu il parvient ,
sans avoir pour cela les moyens que la nature a
donnés aux animaux ; il parvient, dis-je , non-
seulement à trouver une industrie , mais même
plusieurs , et à les perfectionner toujours de
plus en plus ; il est parvenu et parvient toujours de plus en plus à vivre un certain temps
dans tous les éléments ; il est plus apte que tout
autre animal à se mettre en sûreté , à se sauver
du danger , à pourvoir à ses besoins même les
plus futiles ; il soumet à sa domination les animaux même les moins traitables ; il se livre aux
sciences et à l'étude de lui-même ; il songe enfin
au passé et à l'avenir : ce que ne peut faire aucun
animal.

La couleur qui domine dans la race caucasique est le blanc, c'est aussi la race supérieure
par la régularité de sa forme. Dans la race mongole , où cette régularité commence à dégénérer,
la couleur dominante est le jaune ; dans la race
nigritienne c'est le noir, le front fuyant, et la régularité des formes, qui dégénèrent de plus en
plus, fait placer cette race au bas de l'échelle
hominale : dans les deux autres races c'est le
cuivré et le brun qui dominent ; c'est du reste
deux races mixtes, c'est-à-dire extrêmement mé-

langées ; la race cuivrée disparaît toujours de plus en plus de la surface du globe.

Règne Animal.

Grandes Divisions.

Animaux.	A. rachionnaires ou vertébrés.	Mammifères. . Singes, chiens, chats.
		Oiseaux. . . . Aigles, moineaux, perroquets.
		Reptiles. . . . Lézards, tortues, couleuvres.
		Amphibiens. . Grenouilles, salamandres.
		Sélaques . . . Raies, requins.
		Poissons. . . . Carpes, brochets, anguilles.
	Animaux articulés.	Insectes. . . . Cerfs-volants, mouches, papillons.
		Myriapodes . . Scolopendres, jules, etc.
		Arachnides . . Araignées, Scorpions.
		Crustacés . . . Crabes, écrevisses.
		Anélides ou articulés vermiformes. . . . Sangsues, lombrics terrestres.
	Animaux mollusques.	Céphalopodes. Sèches, calmars, poulpes.
		Ptéropodes . . Hyales, clios.
		Gastéropodes . Colimaçons, porcelaines.
		Acéphales. . . Huitres, moules, solens.
		Tuniciens. . . Ascidies, biphores.
		Bryozoaires . . Plumatelles, flustres.
	Zoophytes ou a plantes.	Echinodermes. Oursins, astéries.
		Acalèphes. . . Méduses, béroés.
		Polypes. . . . Coraux, actinies.
		Infusoires. . . Monades, amibes.
		Spongiaires . . Eponges, spongilles.

Subdivisions des Mammifères.

Les mammifères sont les animaux qui se rapprochent le plus de l'homme tant par leur forme que par leur structure intérieure. Ils tirent leur nom de deux mots latins qui signifient porte-mamelles ; c'est en effet un des caractères qui les distingue des autres animaux ; ils sont vivipares, ont quatre ou deux membres, le corps couvert ordinairement de poils, quelquefois d'écailles et de lames cornées (tatous, pangolins) ou de piquants (chez les porc-épics, les hérissons).

Les mammifères se subdivisent comme ci-bas :

Mammifères	Onguiculés.	Quadrumanes. .	Singes, makis.
		Chéiroptères . .	Chauve-souris.
		Insectivores. . .	Hérissons, porc-épics.
		Carnassiers . . .	Chiens, chats, lions.
		Rongeurs. . . .	Rats, lièvres, lapins.
		Edentés.	Tatous, fourmiliers.
		Marsupiaux. . .	Kanguroo, Sarigues.
	Ongulés.	Pachydermes.	Eléphants, chevaux.
		Ruminants. .	Vaches, chèvres, bœufs.
	Ichtyoïdes.	Cétacés. . . .	Baleines, marsouins, dauphins, lamentins.

Quadrumanes.

Comme l'indique leur nom, ces animaux sont pourvus de mains, non-seulement aux membres antérieurs, mais encore aux inférieurs. Ils se divisent en trois groupes qui sont les singes, les onistitis et les makis. En voici les principaux genres :

Les orangs. L'espèce la plus connue est l'orang-outang qui se rapppoche le plus de l'homme ; ils vivent en troupes nombreuses et savent se construire des huttes ; les Malais, témoins de leur industrie, pensent encore que ce sont des hommes, mais qu'ils ne veulent pas parler de peur qu'on ne les fasse travailler ; aussi le nom d'orang-outang signifie dans leur langue homme des bois. Ces animaux sont doués d'une force extraordinaire ; ils peuvent mieux que tout autre singe se tenir et marcher droit au moyen d'un bâton. Ils se trouvent à Bornéo (île de la mer de la Chine) et dans les environs.

Les gibbons (hilobutes. Illiger) tous originaires de l'Asie, ils sont moins intelligents que les précédents.

Les semnopithèques (semnopithecus. F. Cuvier). Ils sont tous de l'Asie méridionale et vivent en grandes troupes.

Les guenons (cercopithecus. Erxleben) sont toutes originaires d'Afrique où elles vivent en troupes nombreuses. Leur taille est médiocre par rapport aux précédents singes.

Les macaques (macacus. Lacépède). Toutes les espèces sont de l'Asie méridionale, à l'exception d'une qui se trouve dans le nord de l'Afrique et dans le midi de l'Espagne sur les rochers de Gibraltar, c'est le magot le plus anciennement connu de tous les singes et le seul qui se trouve en Europe.

Les cynocéphales (cynocephalus. Cuvier) de χυνος, chien et χηφαλη, tête, nommés ainsi parce que leur tête ressemble à celle du chien. Ils se trouvent presque tous en Afrique.

Les alouates (mycetes. Illiger; Stentor; Geoffroy St-Hilaire) , singes d'Amérique à tête pyramidale, à voix forte et retentissante causée par le renflement de l'os hyoïde qui forme comme un tambour osseux. Leur cri s'entend , dit-on , de plus d'une demi-lieue à la ronde : ce qui leur a valu le nom de singes-hurleurs. Leur queue est prenante comme elle l'est généralement chez la plupart des quadrumanes d'Amérique.

Les lagothriches (lagothrix. G. St-Hilaire) qui habitent l'Amérique, ainsi que tous les genres suivants.

Les sajous (cebus. Erxleben); animaux très-vifs, très-intelligents et maintenant très-répandus dans nos grandes villes.

Les saïmiris (callithrix. G. St-Hilaire) ressemblent aux précédents , mais leur queue n'est pas prenante.

Les noctophores (nocthora. F. Cuvier) sont, ainsi que :

Les sakis (pithecia. Desmaret) des animaux nocturnes ; ils vaquent à leurs besoins le matin et le soir, et dorment dans le milieu du jour.

Les ouistitis (hapales. Illiger, Jackus. G. St-Hilaire) , parmi lesquels on distingue l'ouistiti à pinceau , l'ouistiti vulgaire (jackus vulgaris) sont de petits animaux se nourrissant autant d'insectes que de fruits ; ils ont du reste la légèreté, la gentillesse et la grâce des écureuils.

Les galéopithèques (galéopithecus. Pallas) qu'on nomme aussi chats-volants , vivent dans les forêts de l'Archipel des Indes , de colibris et d'insectes. Parmi les trois ou quatre espèces connues, on voit l'oleeck, ou galéopithèque roux (galeopithecus rufus) qui est à peu-près de la grosseur d'un chat.

Cheiroptères.

Les cheiroptères , qui se rapprochent des quadrumanes, s'en distinguent en ce que leurs membres et leur queue sont liés entre eux par une membrane mince qui leur sert de parachutes , et d'ailes. On distingue dans les cheiroptères les roussettes, les vraies chauve-souris et les vespertilions.

Les roussettes (pteropus. Brisson). Ce sont les plus grands cheiroptères. Les vraies chauves-souris vivent la plupart d'insectes ; l'on prétend pourtant que quelques-unes s'attachent aux mammifères pour leur sucer le sang.

Les vespertilions (vespertilio. G. Cuvier et G. St-Hilaire). C'est à ce genre qu'appartient notre murin ou chauve-souris ordinaire (vespertilio murinus) qui est ainsi nommé, parce qu'il se repose contre les murs.

Insectivores.

Ces animaux sont de petite taille, s'appuient en marchant sur la plante des pieds ; leurs mamelles sont placées vers le ventre. Voici les principaux genres :

Les hérissons (erinaceus. Linnée). Ces petits animaux ont la partie supérieure du corps couverte de piquants ; ils ont la faculté de se rouler en boule à la moindre apparence de danger, et de ne présenter ainsi à l'ennemi qu'une boule garnie de piquants. Parmi les animaux qui composent ce genre, on remarque :

L'hérisson ordinaire (erinaceus europeus. Linnée) assez commun dans les bois où il passe l'hiver dans son terrier. Il détruit beaucoup d'insectes, et l'on croit que sa chair est bonne à manger.

Les musaraignes (sorex. Linnée), dont on trouve des espèces dans toutes les parties du monde, sont les plus petits mammifères ; ils atteignent à peine la grosseur d'une petite souris. On en trouve en France plusieurs especes, entre autres : la musaraigne commune ou musette (sorex aracneus. Linné), et la musaraigne d'eau (sorex daubentana, G. St-Hilaire ; musaraigne d'eau, Buffon) qui semble vivre, non-seulement d'insectes, mais encore de grenouilles et de salamandres.

Les taupes (talpa. Linnée). Petits animaux facilement reconnaissables à leur groin, à la petitesse de leur œil, à leurs membres tronqués, à leurs deux larges mains dont la paume est toujours tournée en-dehors, et armées d'ongles aigus et tranchants. Elle passe avec raison pour un animal nuisible; cependant, il est faux qu'elle mange les racines, mais elle les détruit en creusant de nombreuses galeries peu au-dessous de la surface du sol. On en connaît deux principales espèces qui se trouvent en Europe; l'une est la taupe commune (talpa europœa. Linnée) qui se nourrit de terre, d'insectes, de grenouilles et même d'oiseaux, mais le plus souvent d'insectes; quelque soit la petitesse de l'œil, il est certain qu'elle y voit. L'autre est la taupe aveugle (talpa cœca. Savi). Elle habite l'Italie et y voit encore moins que la précédente.

Carnassiers ou Carnivores.

Les carnassiers se divisent en :

Plantigrades ou Carnivores, marchant sur la plante des pieds;
en Digitigrades ou Carnivores, marchant sur les doigts et les ongles;
et les Amphibies ou Carnivores, vivant à la fois sur la terre et dans l'eau.

Carnivores plantigrades.

Ces animaux sont lents, leur vie est en général nocturne, et la plupart de ceux des pays froids hibernant, c'est-à-dire passant l'hiver en léthargie. En voici les principaux genres :

3

Les ours (ursus. Linnée). Ce sont les carnassiers les plus massifs et les moins carnassiers ; ils peuvent marcher sur leurs deux pattes de derrière et grimper sur les arbres. Les trois principales espèces sont :

L'ours brun d'Europe (ursus arctos. Linnée). Il habite dans les hautes montagnes et dans les forêts de toute l'Europe et d'une grande partie de l'Asie. Il n'attaque pas l'homme de prime-abord ; mais s'il est attaqué il devient terrible et écrase son ennemi ou l'étouffe en le serrant dans ses membres antérieurs. C'est cet ours dont les jongleurs s'emparent pour leurs exercices.

L'ours blanc de la mer Glaciale (ursus maritimus. Linnée) habite le pôle septentrional; il nage avec une grande facilité, vit en société : ce que ne font pas les autres ours.

L'ours gris des montagnes rocheuses (ursus ferox, Lewis ; ursus terribilis). Le plus gros de tous les ours et le plus à craindre ; les autres ours se contentent d'étouffer leurs ennemis et de les fouler aux pieds ; lui se sert, outre cela, de ses griffes et de ses dents, il joint à la stupidité de l'ours blanc la férocité du jaguard, le courage du tigre et la force du lion ; aussi domine-t-il en maître sur toute l'étendue de pays qu'il habite.

Les ratons (procyon. Storr.) viennent après les ours. On en connaît deux principales espèces; l'une est

Le raton proprement dit (procyon lotor. Cuvier)

de la taille d'un blaireau. Cet animal habite l'A-mérique septentrionale.

L'autre est le *Raton crabier* (procyon cancrivo-rus. G. St-Hilaire). Il habite l'Amérique méridio-nale et principalement la Guyane, où il vit de crabes : ce qui lui a fait donner ce nom.

Les coatis (nasua Storr.) suivent. Ils sont de la taille d'un renard, ils se servent de leurs pattes pour porter à leur bouche les aliments qu'ils ef-filent avec leurs ongles ; ils vont dénicher les oi-seaux et descendent des arbres la tête la pre-mière. On en connaît deux principales espèces, qui sont : 1° le coati roux ; et 2° le coati brun, habitants tous deux les forêts de l'Amérique méridionale, où ils vivent seuls ou réunis par paires.

Les blaireaux (meles. Storr.) sont comme les ratons et les coatis des animaux bas sur jambes ; ils sont aussi nocturnes, leurs poils sont longs et soyeux, l'on en fait les meilleures brosses à barbe ; ils font une guerre acharnée aux mar-mottes et pénètrent souvent dans leur terrier. Le plus connu est le blaireau d'Europe (melis euro-pœa).

Les gloutons (gulo. Storr.). Le plus célèbre est le glouton du Nord (gulo arcticus. Desmaret), le rossamack des Russes, la volverenne de Penn, qui passe pour très-cruel, chasse la nuit, ne s'as-soupit point l'hiver et se rend maître de grands animaux, tels que l'élan, en sautant de dessus un arbre.

Carnivores digitigrades.

Les carnivores digitigrades sont ainsi nommés, comme nous l'avons déjà dit, de leur marche qui consiste le plus souvent en bonds qu'ils opèrent en se ramassant et en s'étendant tour-à-tour, mais retombant toujours sur la pointe des pieds. Voici les principaux genres :

Digitigrades

Lacertiformes
genre Putois. . Putois commun, furet, belette, hermine.
id. Moufettes .Moufettes d'Amérique, le chinche.
id. Martes . . Fouine, marte commune, m. Zibeline.
id. Loutres . Loutre commune, loutre de mer.

Cynociens
Chiens . . Chien domestique et ses variétés.
Loups . . Loup commun, loup noir, loup des prairies, l'adino.
Chacals . Chacal ordinaire.
Renards . Le Renard ordinaire, renard argenté, le gris.

Viverriens
Civettes. . . Civettes commune, zibeth.
Mangoustes. M. d'Egypte ou ichneumon.
Genettes . . Genette commune.

Hyéniens | Hyènes. Hyène rayée, h. tachetée, etc.

Féliens
Lions. . . . . Lion de l'Atlas, de Guinée, etc.
Tigres . . . . Tigre royal du Bengale.
Jaguars. . . . Jaguar vulgaire.
Panthères . . P. ordinaire, p. noire de Java.
Guépards. . . Guépard ou tigre chasseur.
Cougouards . Puma ou lion d'Amérique.
Lynx. . . . . Lynx, serval, caracal.
Chats. . . . . Chat domestique, sauvage.

Digitigrades Lacertiformes.

Genre putois. Ces animaux tirent leur nom de l'odeur fétide et nauséabonde qu'ils répandent ; on en trouve dans les deux mondes. Les principales espèces sont :

Le putois commun (putorius vulgaris), la terreur des poulaillers et des garennes, où son corps grêle et la brièveté de ses pieds lui permettent de pénétrer, ainsi qu'à tous les animaux de cette famille, sans faire autant de bruit que la fouine ; il fait beaucoup plus de dégâts, car il met tout à mort avant de se repaître.

Le furet (putorius furo) n'est qu'une variété du précédent ; il est célèbre par la haine instinctive qu'il porte aux lapins, haine qu'on a su mettre à profit en l'employant à la chasse de ces rongeurs.

La belette (putorius mustela). De très-petite taille elle peut s'introduire dans les poulaillers où elle fait un carnage considérable de poulettes et de petits poussins ; elle fait aussi la guerre aux rats et aux petits oiseaux et fait ses petits dans la paille ou le foin, dans les greniers.

L'hermine (putorius hermellanus), un peu plus grande que la belette ; l'hermine, à l'état de liberté, est d'un blanc éclatant pendant l'hiver, et d'un beau brun pendant l'été ; dans cette première livrée, on lui donne le nom d'hermine ; dans la seconde, on l'appelle roselet. Elle est plus farouche que la belette, et chacun sait que sa fourrure est très-recherchée.

Genre moufette (mephitis. Cuvier). Ces animaux, de même que les putois, tirent leur nom de l'odeur insupportable qu'ils répandent, surtout quand on les chasse, en rejetant par le postérieur un liquide excrémentiel qui a une odeur analogue à celle du putois, renforcée d'ail ; l'espèce la plus connue est la moufette d'Amérique (mephitis americana), qui a à peu près la grosseur du chat.

Genre marte (mustela. Cuvier). Parmi les nombreuses espèces que renferme ce genre, nous nous contenterons de citer :

La fouine (mustela foina. Linnéc). Elle habite nos forêts, est aussi très-dangereuse pour les poulaillers ; elle se nourrit aussi de rats, de taupes, d'œufs, de petits oiseaux, de miel et de chenevis.

La marte commune (mustela vulgaris, mustela martes. Linnée). Elle vit aussi dans nos bois, fuit les lieux découverts ; elle détruit une grande quantité de petits quadrupèdes et d'oiseaux.

La marte zibeline (mustela zibellina. Linnée) a les mêmes mœurs que l'espèce précédente ; de même que celle de l'hermine, sa fourrure est trèsrecherchée, mais sa chasse est une des plus pénibles et des plus périlleuses que l'on connaisse.

Genre loutre (lustra. Storr.). Les loutres sont des animaux ichtyophages; elles se creusent un réduit sur le bord des eaux qu'elles garnissent d'herbes sèches, elles y restent cachées pendant le jour et ne sortent que la nuit pour aller chercher leur nourriture. Elles se trouvent dans les deux continents. Leur peau est aussi l'objet d'un commerce considérable. Ces espèces, que l'on trouve le plus communément en Europe, sont :

La loutre commune (lustra vulgaris), animal qui nage et plonge très-bien ; mais dont la chaire, dit Buffon, a un mauvais goût de poisson.

La loutre de mer (lustra marina. Erxleben), qu'on appelle aussi enhydris, et dont la fourrure est très-recherchée, est chassée par les Anglais et les Russes dans la mer pacifique ; ils transportent annuellement un grand nombre de peaux à la Chine et au Japon, ce qui est cause qu'ils deviennent sensiblement plus rares.

DIGITIGRADES CYNOCIENS.

Nous avons compris sous ce nom tous les carnivores qui se rapprochent le plus du chien par leurs formes extérieures ; de même que sous celui de lacertiformes, de viverriens, de hyéniens, et de féliens, nous avons compris tous les animaux qui se rapprochaient par leurs formes ou leurs habitudes des lézards, des civettes, des hyènes et des chats. Le nom de Cynociens est tiré du grec (de χυνος, chien). En voici quatre genres, et leurs principales espèces.

1er Genre. — CHIENS (*canis*).

Chien domestique (canis familiaris. Linnée). Le magnifique passage de Buffon sur le chien, est connu de tout le monde : c'est un de ceux qui ont le plus contribué à sa renommée littéraire de l'auteur. Je me tairai donc sur ce sujet et je me contenterai de dire qu'on connaît trois genres de variétés de chiens domestiques, possédant chacun de nombreuses espèces, et qu'on nomme :

1° La variété des Mâtins, 2° celle des Epagneuls ; et 3° celle des Dogues.

2me Genre. — Loups (*lupus*).

Les loups ont la plus grande analogie avec nos chiens, mais ils en diffèrent en ce qu'ils possèdent en outre des caractères particuliers que n'ont pas ceux-ci. Nous nous contenterons de citer :

Le loup commun (lupus vulgaris), qui vit habituellement solitaire, à moins que la faim ne le presse. Ils se réunissent alors en grandes troupes, et on en a vu dans les pays très-froids des réunions de deux ou trois cents. Ordinairement lâche, quand il peut facilement satisfaire à ses besoins, il devient hardi pendant l'hiver, et ne craint pas d'attaquer même au milieu d'un village les moutons, les chiens, les femmes, les enfants, et même l'homme. Malheur à celui qui se trouve égaré pendant l'hiver dans les forêts de sapins qui couronnent les crêtes les plus élevées du Jura, il rencontrera à tout moment des cadavres dépecés de chevaux et d'hommes qui lui annoncent sa triste destinée, et il ne tarde pas à voir apparaître de tous côtés des troupes de loups affamés qui le suivent en faisant retentir les échos de hurlements répétés.

On connaît encore plusieurs espèces de loups, tels que, par exemple, *le loup odorant* (lupus nubilus), *le loup des prairies* (lupus latrans), *le loup du Mexique* (lupus Mexicanus, Linnée), *le loup noir*, etc.

3me Genre. — JACKALS ou CHACALS.

Le jackal ordinaire ou *loup doré* (lupus aureus, Linnée), plus petit que le loup, le jackal est plus vorace et moins timide; ils ne craignent pas, en se réunissant au nombre à-peu-près de trente, d'attaquer des bœufs et autres gros animaux, mais ils vivent le plus souvent de charognes. On trouve des jackals depuis les Indes et les environs de la mer Caspienne jusqu'en Guinée.

4me Genre. — RENARDS (*vulpes*, Cuvier.)

Le renard commun (vulpes vulgaris) habite la France. Il se nourrit surtout de volailles, et à leur défaut de lézards et de grenouilles. Ils se réunissent quelquefois deux et chassent le lièvre. Il se creuse un terrier sur la lisière des bois. Lorsqu'il peut pénétrer dans un poulailler il fait un carnage épouvantable, met tout à mort, et cache ses victimes dans différents endroits d'où il sait bien les déterrer quand la faim les presse. Sa queue est touffue et terminée par des poils noirs. Sa peau s'emploie en fourrures; mais les plus recherchées sont celles des renards des pays froids, tels par exemple que l'*isatis* ou *renard bleu* (vulpes lagopus), qui dès que les parages qu'il habite manquent de gibiers, émigre pendant trois ou quatre ans pour leur donner le temps de se repeupler.

DIGITIGRADES VIVERRIENS.

1er Genre. — CIVETTES (*viverra*, Cuvier.)

Les civettes se font principalement remarquer par une poche profonde placée près de l'anus, divisée en deux sacs, et qui se remplit d'une pommade abondante d'une forte odeur musquée, et sécrétée par les glandes qui entourent cette poche, et qu'on emploie encore dans la parfumerie sous le nom de civette. Les deux principales espèces sont :

La civette ordinaire (viverra civetta, Linnée), qui habite l'Afrique, et surtout l'Abyssinie, et le *zibeth* (viverra zibetta, Linnée), qui habite les Indes et principalement les Philipinnes.

2me Genre. — MANGOUSTES (*herpestes*, Illiger).

A ce genre appartient le célèbre *nems* ou *mangouste d'Egypte*, l'ichneumon d'Hérodote qu'adoraient les Egyptiens. Le nems se nourrit de toutes sortes de petits animaux et recherche surtout les œufs de crocodile,

Et *le sunsa*, qu'on trouve dans l'Inde, à Malabar et à Java, et qui y était adoré comme l'ichneumon en Egypte.

3me Genre. — GENETTES (*genetta*, Cuvier).

La genette commune (genetta vulgaris, Cuvier), joli petit animal d'un pied 8 pouces de longueur y compris la queue, et de quatre pouces et demi de hauteur. On la trouve depuis la France méridionale jusqu'au cap de Bonne-Espérance. Elle se tient le long des ruisseaux, près des sources, etc. Sa peau forme un article de pelleterie assez important. J'ai souvent eu l'occasion de voir des genettes, une entre autres, dans le laboratoire du Palais-St-Pierre à Lyon, qui a été apportée de Givors par un paysan. On lui donne tous les jours un peu de viande. Dès qu'elle aperçoit quelqu'un, elle se cache vite sous la paille placée dans sa cage, et ne se hasarde à se montrer que lorsqu'elle croit ne pas être vue.

DIGITIGRADES HYÉNIENS.

Le seul genre de ces digitigrades sont les *hyènes* (hyena, Storr), animaux doués d'une grande force, mais de peu de courage. Ils sont nocturnes, habitent des cavernes, et se nourrissent le plus souvent de charognes et de cadavres qu'ils vont déterrer jusque dans les tombeaux. Selon Bruce [1] et J. Gérard [2], l'hyène n'attaque d'a-

---

[1] Voyages aux sources du Nil, tome XII, par Bruce.
[2] La Chasse au lion, par J. Gérard, lieutenant de Spahis.

nimaux vivants que les plus faibles : si elles s'attaquent à un chien, ce n'est jamais que pressées par le besoin et en troupe considérable. Les principales espèces d'hyènes sont : *l'hyène rayée* (hyena vulgaris, Geof.), *l'hyène d'Abyssinie* (hyena Brucii), et *l'hyène tachetée* (hyena rufa, G. Cuvier).

DIGITIGRADES FÉLIENS.

Ce sont les carnivores les plus fortement armés. Ils ont l'ouïe excessivement fine, des muscles excessivement puissants. Ils y voient bien le jour, et l'on croit que la nuit ils y voient encore mieux. Leur peau est douce et fine, et toute la surface du corps très-sensible au toucher ; leur langue est revêtue de papilles très-dures. Beaucoup de ces animaux sont recherchés pour leurs belles fourrures. En voici les principaux genres :

Genre LION (*leo*). (1)

Le lion (felis leo, Linnée). C'est le plus fort de tous les féliens. il se trouve dans tout l'ancien continent. Sa voix est forte ; une magnifique crinière ombrage la tête du mâle. La femelle se fait remarquer par sa tendresse pour ses petits. Quand on est arrivé à l'article du lion, on est

---

(1) Consulter l'art. de Buffon, de Lacépède et de G. Cuvier, dans la *Ménagerie du Muséum*, celui de F. Cuvier, dans le *Dictionnaire des Sciences naturelles*, et J. Gérard.

fort embarrassé, car les voyageurs et même les naturalistes sont continuellement en discussion entre eux : les uns l'élèvent, lui donnent de la magnanimité, du courage, de la noblesse; d'autres, au contraire, en font un animal lâche, poltron et vorace. Selon moi, le lion n'a ni magnanimité ni noblesse : il peut être comme tous ses congénères glouton et vorace, mais je ne crois pas qu'il soit lâche et qu'il recule à l'approche du moindre danger, à la vue de la plus petite résistance, et ce qu'en dit J. Gérard me semble assez juste.

Genre Tigres (*tigris*).

Le tigre royal du Bengal (tigris Bengalensis; felis tigris. Linnée) de la même longueur, mais plus élancé que le lion, le tigre a la tête plus ronde, il est d'un jaune vif en-dessus, d'un blanc pur en-dessous, rayé irrégulièrement de noir en travers; le plus terrible avec le lion et le plus cruel de tous les quadrupèdes. Il peut cependant bien s'apprivoiser comme tous les animaux, « et « cependant, dit Lacépède, la prudence ne doit « jamais permettre d'oublier que, lorsqu'un ani- « mal très-fort a des appétits très-véhéments, « des affections ardentes, des mouvements vio- « lents, des armes terribles, une impression « soudaine et inattendue peut le ramener tout « d'un coup vers le caractère de son espèce; « qu'il ne suffit pas de ne pas le laisser souffrir « de la faim, et de ne pas l'irriter par de mau-

« vais traitements, et qu'il faut de plus être
« toujours en garde contre un de ces retours
« brusques et imprévus vers le sentiment de sa su-
« périorité, l'horreur de la contrainte et sa féro-
« cité naturelle. » On trouve le tigre royal dans
les Indes-Orientales et surtout au Bengal.

Genre JAGUAR (*jaguar, felis onça*, Linnée).

Le jaguard ordinaire (felis onca. Linnée, tigris
americanus boliv., jaguar vulgaris). Le jaguar est
aussi appelé tigre d'Amérique ; il est presque
aussi grand et aussi dangereux que le tigre royal ;
les fourreurs, qui recherchent sa peau, le nomment aussi grande panthère. Il est dans certains
endroits très-audacieux, et il va jusqu'à enlever
des hommes devant le feu d'un bivouac ; dans
d'autres parties de l'Amérique, il fuit au contraire devant l'homme.

On en connaît aussi deux autres espèces qu'on
croit n'être que des variétés ; ce sont :

Le jaguarete ou jaguar noir de Marcgrave (felis nigra. Erxleben), et le *jaguar blanc*, ou albinos dont parle d'Azzara.

Genre PANTHÈRE (*felis pardus*, Linnée.)

Dans ce genre peuvent se placer les espèces
suivantes avec leurs variétés ; ce sont :

La panthère commune (pardus vulgaris, felis
pardus, Linnée), longue de trois pieds environ.

Elle est répandue dans toute l'Afrique et dans les parties chaudes de l'Asie.

La panthère noire de Java (pardus nigra), presque aussi terrible que le tigre royal du Bengal.

Le léopard (felis leopardus. Linnée) semblable à la panthère, mais avec dix rangées de taches plus petites. Il habite l'Afrique.

Genre GUÉPARDS (*Guepar*).

Le guépard ou *tigre chasseur de l'Inde* (guepar jubatus). Joli animal qui habite l'Asie méridionale et l'Afrique. Il se laisse facilement apprivoiser et on s'en sert pour la chasse. Voici comme cette chasse se pratique :

On place le guépard sur la croupe de son cheval et on le lâche dès que l'on aperçoit une gazelle ou quelqu'autre animal ; le guépard rampe vers l'ennemi en se servant de tout ce qui se présente pour se cacher à sa vue, et arrivé à une distance raisonnable, il bondit, tombe sur le dos de sa proie et lui brise le crâne. S'il a manqué son coup, il revient en baissant la tête, et son maître le console en lui donnant de la viande et en le caressant, et l'on se remet en chasse jusqu'à ce qu'il ait réussi.

Genre COUGOUARS (*felis puma*).

On a parlé de plusieurs espèces de genres ; mais comme ce n'est probablement que des variétés, nous nous contenterons de citer :

Le Cougouar ou *lion d'Amérique* (felis puma. Bail) qu'on nomme aussi communément tigre rouge de Cayenne, se contente d'entrer par surprise pendant les nuits les plus orageuses dans les basse-cours, les parcs. Seul entre tous les féliens, il tue sans nécessité, mais il n'attaque jamais l'homme.

Genre LYNX (*felis lynx*, Linnée.)

Le genre lynx se distingue principalement par les bouquets de poils qui surmontent ses oreilles ; on en connaît plusieurs espèces, parmi lesquelles nous citerons : le *lynx* des anciens ou *caracal* (felis caracal. Linnée), le *lynx botté* (felis coligata. Bruce) le *lynx du Canada* (felis Canadensis. Geof.), etc. : les mœurs du lynx sont d'ailleurs les mêmes que celles du chat sauvage.

Genre CHATS (*felis catus*, Linnée).

Le chat domestique (felis catus. Linnée) est originaire de nos forêts d'Europe ; il varie, comme on le sait, en couleur, grosseur, finesse et longueur de poils. Ses principales variétés sont le *chat d'angora*, le *chat sauvage*, etc.

Carnivores amphibies.

Les espèces de carnivores se subdivisent en deux familles, qui sont : 1° les *phoques* (phoca), et 2° les *morses* trichechus).

1° LES PHOQUES.

Les phoques se distinguent de tous les mammifères carnassiers par leurs pieds extrêmement courts, plats, enveloppés par la peau, palmés en forme de nageoires, ne pouvant leur servir qu'à ramper péniblement sur la terre, mais très-propres à nager.

Les phoques sont des animaux qui ont beaucoup d'instinct ; ils sont doux ; faciles à apprivoiser quand ils sont pris à temps ; ils ne survivent pas à la perte de leur liberté s'ils ont déjà quitté leur mère depuis quelque temps ; pour pouvoir plonger, les narines du phoque sont pourvues de valvulles qui s'ouvrent et se ferment à volonté ; avant d'aller à l'eau, ils se lestent en avalant une grande quantité de pierres qu'ils rejettent ensuite sur le rivage. Pour dévorer leur nourriture, qui consiste le plus souvent en poissons, en crustacés, en coquillages et quelquefois en oiseaux ; pour dévorer, disons-nous, cette nourriture, ils la trempent toujours dans l'eau. Voici à peu près en quoi consiste les mœurs de ces animaux qui se divisent en plusieurs genres, qui sont :

1° *Les Calocéphales.*
2° *Les Sténorhynques.*
3° *Les Stemmatopes.*
4° *Les Pélages.*
5° *Les Macrorhins.*
6° *Les Arctocéphales.*

7° *Les Platyrhinques.*
8° *Les Halychores.*
9° *Les Phoques proprement dits.*
10° *Les Otaries.*

2° LES MORSES.

Ils ont la forme générale des phoques, ils en diffèrent par leur corps plus trapu, par deux canines qui dépassent de beaucoup la mâchoire supérieure; on prétend qu'ils s'en servent pour grimper sur les roches qui bordent la mer Glaciale. Les morses sont plus irascibles et moins intelligents que les phoques. Ils sont plus difficiles à apprivoiser. On fait leur chasse, comme celle de la baleine, pour pouvoir s'emparer de leurs défenses dont l'ivoire est plus dur et plus compacte que celui de l'éléphant; leur graisse, qui fournit une huile meilleure que celle de la baleine, et leur peau qui, tannée, fait un cuir très-fort dont on se sert à différents ouvrages, entre autres pour les soupentes de carrosse.

L'espèce la plus commune et même la seule connue est le *morse*, ou *cheval marin* (tricheus rosmarus. Linnée). Comme toutes les espèces de phoques, il se trouve dans les mers glaciales.

Ordre des Rongeurs.

Les animaux que renferme cet ordre sont caractérisés par l'absence totale de canines. Voici comment ils se divisent selon leur genre de vie :

Rongeurs	**Omnivores**	Écureuils. . . . Tamias, écureuils, guerlinguets, polatouches, etc.
		Marmottes . . . Marmottes des Alpes, spermophiles.
		Ulacodés . . . . Ulacodes.
		Rats taupes. . . Zemni, cténotomes.
		Gerboises. . . . G. alactaga, le gerbo, gerbilles.
		Rats . . . . . . Chinchilla, hamster, rats, souris.
		Nageurs . . . . Castors, ondatras, hydromis.
	Herbivores	Porcs-épics. . . Porcs-épics, acanthions, caendans.
		Lièvres. . . . . Lièvres, lapins, lagomis.
		Dasypoïdes. . . Pacas, cobayes, cabiais, agoutis.

Ire *Section.* — RONGEURS OMNIVORES.

1er Genre. — ÉCUREUILS.

Jolis petits animaux qui habitent les forêts dans les deux continents ; ils se servent de leurs pattes de devant pour porter les aliments à leur bouche. Quelques-uns ont des abajoues ou poches buccales, d'autres ont des espèces d'ailes formées par des replis de la peau des flancs qui s'étend d'une patte à l'autre ; les principaux genres connus sont :

1° Les *tamias*, parmi lesquels on remarque le *palmiste* ou écureuil des palmiers ; le *burandruck* ou écureuil suisse, etc.

2° Les *écureuils proprement dits*, parmi lesquels on remarque l'écureuil vulgaire, le gris, le noir, le capistrate, etc.

3° Les *guerlinguets*, où sont placés le grand et

le petit guerlinguet, le toupaye, le grisgi, le
lary, etc.

4° Les *anisoryx* qui ont pour espèces l'anisoryx brachyure, le sewewel, etc.

5° Les *polatouches*. Exemple : l'assapanick ou
polatouche vulgaire, le polatouka, etc.

6° Enfin les *ptéromys*. Ex. : le tuguan, le ptéromys éclatant.

2me Genre. — Les Marmottes.

Animaux qui ont plus d'un pied de long sans
comprendre la queue, remarquables par leur industrie et leur sommeil léthargique. Quand elles
prennent leurs ébats, ou qu'elles sortent de leur
retraite, il s'en trouve toujours une qui se place
droite ou assise sur le point culminant, et qui,
dès qu'elle aperçoit le moindre danger, pousse
un sifflement aigu qui avertit toute la troupe et
les fait rentrer précipitamment dans leurs gîtes
dont la construction est aussi assez ingénieuse ;
ils ont la forme d'un Y grec ainsi couché ⋋. La
branche supérieure a une ouverture qui leur sert
d'entrée ; celle inférieure, dont la pente va en-
dehors, ne leur sert qu'à faire des ordures. Ce
genre se subdivise en deux sous-genres, qui
sont :

1° Les *marmottes proprement dites*, qui renferment la marmotte des Alpes, le monax, le gundi,
le maulin, etc.

2° Les *spermophiles*, où l'on voit se placer le
jevroschka, les spermophiles de Richardson,
de Hood, de Franklin et de Parry, etc.

3me Genre. — Les Ulacodés.

Les *ulacodes* ne comprennent guère que l'ulacode swindérien dont on ne connaît bien ni la
patrie, ni les mœurs.

4me Genre. — Les Rats-Taupes.

Nommés ainsi soit à cause de leurs habitudes soit
à cause de leur forme qui se rapproche de celle
des taupes; ces animaux se subdivisent en plusieurs genres dont les principales espèces sont :
le *zemni* (georichus typhus. Lesson), le *zukerkan*
(g. talpinus. Lesson), le *zokor* ou *zocor* (g. zokor. Lesson), etc., dont les habitudes et la forme
sont analogues à celles de la taupe.

5me Genre. — Les Gerboises.

Ces jolis animaux ont dix-huit dents, la tête
d'un chien lévrier, de grandes oreilles, les pattes
postérieures excessivement plus longues que les
antérieures et une grande queue; ils sont des
animaux sauteurs, et malgré leur jolie figure,
ils sont d'un caractère si farouche et si féroce
qu'il leur arrive quelquefois de dévorer leurs
propres petits.

Les gerboises se subdivisent en trois genres,
qui sont :

1° Les *gerboises proprement dites*, où sont placées : la g. alactaga, la g. brachyure, la g.
naine, etc.

2° Les *gerbilles* qui comprennent le gird ou gerbille méridionale, la g. du Tamarix, l'hérine ou g. de l'Inde, etc.

3° Les *mériones*. Ex. : la m. du Canada, la m. épaisse, etc.

6me Genre. — LES RATS.

Rongeurs par excellence, ces animaux font de grands dégats; ils sont assez gracieux et jolis, très-nombreux, et il en est quelques-uns dont la fourrure est très-recherchée.

Les sous-genres et les espèces de rats sont excessivement nombreux. Parmi les espèces, on distingue :

Les *chinchillas*, dont la fourrure est très-recherchée, les *hamsters*, les *mulots*, les *surmulots*, les *campagnols*, les *loirs*, les *lérots*, les *muscardins*, les *lemmings* et quantité d'autres.

Ces animaux sont très-industrieux; surtout les hamsters et les campagnols qui remplissent leurs trous de provisions tellement importantes que, lorsqu'ils sont en grande quantité, ils ruinent des récoltes et que les habitants du Kamtchaka pensent faire une bonne fortune quand ils trouvent une de ces habitations de campagnols où il n'est pas rare de trouver jusqu'à 15 ou 20 kilog. de racines.

7me Genre. — NAGEURS.

Les nageurs sont plus utiles qu'ils ne sont nuisibles, car leur fourrure est très-estimée, et cer-

taines espèces fournissent une excellente nourriture. Parmi les nageurs, on distingue quatre
genres principaux, qui sont :

1° Les *Castors* dont l'industrie, l'utilité de la
fourrure, l'emploi que faisait la vieille médecine
de la matière onctueuse fournie par le castor,
et qu'on nomme *castoreum*, sont connus de tout
le monde.

La plus célèbre, et même l'espèce unique, est
le *castor* ou *bièvre* qui ne se trouve plus que dans
l'Amérique septentrionale, quelquefois sur les
bords du Rhône, mais qui devient tous les jours
de plus en plus rare.

2° Les *ondatras* ou rats musqués, que les habitants du Canada appellent aussi rats puants,
dont on utilise la fourrure et dont on mange la
chaire, se font aussi remarquer par leur instinct
dans la construction de leurs galeries.

3° Les *hydromis*, parmi lesquels se distinguent
ceux à ventres blancs et à ventres jaunes qui,
les premiers se trouvent en Australie, dans l'île
Maria ; et les seconds, dans l'île Brunie, située
dans la même partie du monde.

4° Les *potamys* dont le principal genre, celui
des coypous, fournit une fourrure qui remplace
bien celle du castor.

Ordre des Edentés.

Cet ordre, qui se caractérise par le manque
de dents soit totale, soit partielle, et dont la plupart des individus sont pourvus de gros ongles

embrassant l'extrémité des doigts; cet ordre, disons-nous, se subdivise en trois familles : celle des *tardigrades*, celle des *longirostres* et celle des *monotrèmes*.

Ire Famille. — TARDIGRADES.

L'étymologie de ce nom signifie marche lente. Effectivement les animaux que renferme cette famille ont une marche lourde et se traînent avec difficulté ; ils ont la vie excessivement dure et se subdivisent en deux genres.

1er Genre. — ACHÉES.

Ce genre manque d'incisives et de canines ; ils ont trois doigts complets à chaque pied, et leurs bras sont deux fois plus longs que leurs jambes.

Parmi les principales espèces d'aï, on distingue l'aï vulgaire ou le paresseux (*acheus aï*. Fr. Cuvier) très-commun au Brésil, à Cayenne, à la Nouvelle-Espagne et généralement dans toute l'Amérique inter-tropicale.

2me Genre. — BRADYPES.

Les bradypes diffèrent des animaux du genre précédent sous plusieurs points de vue, entre autres par la présence de deux canines et par l'absence d'un doigt aux pieds.

L'espèce la plus connue est le *bradype unau* (*bradypus dydactilus*. Linnée) qui habite les mêmes contrées et dont les mœurs sont absolument semblables à celles de l'aï.

2me *Famille.* — LONGIROSTRES.

Comme l'indique leur nom , ces animaux se distinguent par leur long museau. Les principaux genres de cette famille sont les *tatous* , les *fourmiliers* , les *pangolins* , etc.

TATOUS (*Dasypus*).

Animaux inoffensifs et pour la plupart de taille moyenne et petite ; ils manquent de canines et se distinguent par une espèce de bouclier osseux composé de pièces mobiles et qui lui couvre le dessus du corps et les membres. Parmi les principales espèces se trouve le *tatou poyou* ou *encoubert* (dasypus encoubert. Desmaret) qui habite les parties chaudes de l'Amérique.

FOURMILIERS (*Myrmecophaga*).

Qui manquent absolument de dents, sont pourvus d'un museau long en forme de trompe terminé par une espèce de petite bouche ; leur langue est filiforme et bien plus longue que leur museau. Parmi les animaux de ce genre , on distingue les *tamanoirs* , les *tamanduas* , les *fourmiliers* qui se distinguent tous par la longueur de leurs doigts. Leur nourriture consiste en termites dont ils s'emparent en enfonçant dans leur habitation leur longue langue munie d'un enduit visqueux auquel s'attachent ces insectes; ils retirent ensuite leur langue pour la faire entrer de nouveau après avoir avalé les termites qui s'y sont pris.

Tous ces animaux habitent l'Amérique méridionale.

PANGOLINS (*Manis*, Linnée.)

Ces animaux de la grosseur d'un tatou de petite taille, mais plus longs, sont tout couverts d'écailles ; ils manquent de dents, ont le même régime que les fourmiliers et ont la faculté de se rouler en boule à la moindre apparence de danger. Ils sont très-doux, comme la plupart des édentés, mais fort peu intelligents. Parmi les principales espèces, on remarque l'*alunga* ou *pangolin de l'Inde* (manis pentadactila. Linnée) qui habite dans une partie de l'Asie méridionale.

3me *Famille*. — MONOTRÈMES.

Cette famille ne renferme que deux genres : les *ornythoringues* et les *échidnés*. Les ornythorinques, parmi lesquels on remarque le *paradoxal*, ont le poil d'une loutre, une gueule dont la forme approche de celle du bec d'un canard ; il habite sur les bords des marécages : on a cru qu'il était ovipare ; mais la présence de mamelles prouve le contraire.

Les échidnés ont aussi une espèce de bec pointu, leur corps est couvert de piquants, et ils ont, de même que les hérissons, les porcs-épics et les pangolins, la faculté de se rouler en boule à l'approche du danger.

Ordre des Marsupiaux.

Cet ordre singulier se distingue des autres par deux os particuliers attachés au pubis et donnant appui, dans les femelles seulement, à une poche ou repli de la peau recouvrant les mamelles. Les femelles mettent bas, non pas un petit tout formé, comme les autres vivipares, mais une masse gélatineuse et tout-à-fait informe qui, jusqu'à son entier développement, reste dans cette poche liée qu'elle est aux mamelles par une membrane qui disparaît peu-à-peu. Voici comme ils se divisent selon leur mode de nourriture :

Marsupiaux	**Carnassiers**	1° genre Didelphes .	Sarigue, D. queue de rat, D. crabier,
		2° id. Chironectes.	Ch. de Langsdorff, le Yapoch ou Ch. palmé.
		3° id. Dasyures . .	D. à longue queue, D. maugé.
		4° id. Ursins	Ursin de Harris.
		5° id. Phaséogales.	Ph. à pinceau, Ph. nain.
		6° id. Thylacins . .	Thylacin de Harris ou Th. tête de chien.
		7° id. Péramèles .	Péramèle nez-pointu, de Bougainville.
		8° id. Isoodons . .	l'Isoodon obésule, l'Is. du Muséum de Paris.
	Frugivores	1° genre Koalas . . .	le K. fauve ou le vulgaire.
		2° id. Phalangers .	le Ph. renard, le Ph. de Cook.
		3° id. Coussous . .	le C. tacheté, le C. ursin.
		4° id. Potourous .	P. de Lesueur, de Péron.
	Folilvores	1° genre Kangouroos.	le K. enfumé, le K. vineux.
		2° id. Pétauristes.	le P. à grande queue, le P. de Péron.
		3° id. Halmatures.	l'H. à bandes, l'H. Thétis.
		4° id. Phascolomes.	le P. Wombat.

MARSUPIAUX CARNASSIERS.

1er Genre. — DIDELPHES (*Didelphis*, Linnée).

Parmi les Didelphes, on remarque en premier lieu *la sarigue* ou *manicou*, l'opossum des Anglais, et le *Didelphe à oreilles bicolores* des naturalistes ; puis le *gamba* ou *didelphe d'Azarra ; le didelphe queue de rat ; le didelphe puant* ou *crabier ; le didelphe à queue nue ; le touan* ou *didelphe tricolore ; le grison*, etc.

2me Genre. — CHIRONECTES (*Chironectes*, Illiger).

Leurs pattes postérieures sont palmées ; leur marche est plantigrade. La femelle est seule pourvue d'une poche abdominale. On trouve dans ce genre *le yapoch* ou *chironecte palmé*, qui habite la rivière de Yapoch à la Guyane, qui nage et plonge fort bien, vit de poissons et d'insectes, et dont les mœurs sont analogues à celles de notre rat d'eau, et le *chironecte de Langsdorff*, trouvé par le naturaliste dont il porte le nom au bord des ruisseaux, dans les forêts qui avoisinent Rio-Janeiro.

3me Genre. — DASYURES (*Dasyurus*, Geoff.)

Les *dasyures* sont extrêmement voraces, n'ont point de poche abdominale, habitent la Nouvelle-Hollande, où ils vivent d'ornythorinques, d'échidnés, de kangouroos, de volailles, et à défaut de cela ils se jettent sur les cadavres souvent en putréfaction des poissons et des phoques ; leur physionomie est presque analogue à celles des genettes et des fossanes, et ils sont aussi à craindre des Colons que la fouine des Européens. En voici les principales espèces :

Le dasyure à longue queue (dasyurus macrourus, Geoff.), long d'un pied et demi non compris la queue qui l'est presque autant; d'un beau marron tacheté de blanc.

Le dasyure maugé (dasyurus maugei, Geoff.), qui est plus petit que le précédent et qui se fait remarquer par son extrême propreté.

Le dasyure viverrin (dasyurus viverrinus, Geoff.) et *le dasyure taffa* (dasyurus taffa, Geoff.), qui tous se trouvent aux environs de Port-Jackson.

4ᵐᵉ Genre. — Ursins (*Ursinus*).

Les ursins ont absolument les mêmes mœurs que les animaux du genre précédent. L'espèce la plus connue est *l'ursin de Harris* (ursinus Harrisii, Boitard), qui vit sur les bords de la mer, à la terre de Van Diemen.

5ᵐᵉ Genre. — Phascogales (*Phascogale*), Temm.)

Les *phascogales* ont également les mêmes mœurs que les dasyures et à-peu-près les mêmes caractères génériques.

Le phascogale à pinceau (phascogale penicillata, Tem.), long de huit pouces non compris la queue. Il habite la Nouvelle-Hollande, où, selon Lesson, il vivrait sur les arbres.

Le phascogale nain (phascogale minima, Temm.), qui habite le nord de la terre de Van Diemen et atteint tout au plus quatre pouces de longueur, non compris la queue.

6me Genre. — THYLACINS (*Thylacines*, Temm.)

L'espèce la mieux connue est *le Thylacin de Harris* (thylacinus Harrisii, Temm.), animal stupide, qui habite les cavernes et les fentes de rochers, chasse la nuit les oiseaux et les petits mammifères, habite la terre de Van Diemen sur les bords de la mer, où il vit le plus souvent de cadavres d'animaux marins.

7me Genre. — PÉRAMÈLES (*Perameles*, Geoff.)

Les *péramèles* se distinguent par leurs pattes de derrière qui sont beaucoup plus longues que les antérieures. Les femelles possèdent la poche abdominale. Voici trois principales espèces :

Le péramèle nez pointu (perameles nazuta, Geoff.), qui habite des terriers dans la Nouvelle-Hollande.

Le péramèle de Bougainville (perameles Bougainvillii, Quoy et Gaimard), qui habite également le littoral de la Nouvelle-Hollande.

Le péramèle de Lawson ou *grand péramèle* (pérameles Lawsonii, Quoy et Gaimard), qui a deux pieds de longueur et qui habite les montagnes bleues de la Nouvelle-Galle.

8me Genre. — Isoodons (*Isoodon*, Geoff.)

Ces animaux ont les mêmes mœurs et presque les mêmes caractères génériques que les péramèles. Parmi eux l'on remarque l'*Isoodon obésule* (isoodon obesula, F. Cuvier), qui a la taille d'un rat et habite la Nouvelle-Hollande, où ses mœurs sont encore inconnues.

MARSUPIAUX FRUGIVORES.

1er Genre. — Koalas (*Phascolarctos*, de Blainville).

Ces animaux, assez peu connus, passent leur vie en partie sur les arbres et vivent d'insectes, de fruits et même de feuilles; la femelle ne fait qu'un petit qu'elle porte jusqu'à une certaine grosseur dans sa poche abdominale et continue encore longtemps à le porter sur son dos et à en prendre le plus grand soin. Les deux espèces connues sont :

Le *koala* ou *colahc fauve* (phascolarctos fuscus Desm.), qui a la taille d'un chien médiocre, le corps trapu, la tête courte, les oreilles médiocres et à peu près la démarche d'un petit ours.

Le *koala de G. Cuvier* (phascolarctos Cuvieri), qui diffère du précédent par le manque de pouces aux pieds de derrière, par sa couleur et enfin par ses oreilles plus pointues.

2me Genre. — **Phalangers** (*Phalangista*, Geoff.)

Le phalanger renard (phalangista vulpina. Temm.) a 26 pouces de longueur et habite les environs du Port-Jackson où l'on ne connaît rien de ses habitudes.

Le phalanger de Cook (phalangista Cookii. Cuvier) long de 28 pouces, y compris la queue : il habite la terre de Van-Diemen, ainsi que le *phalanger nain* (ph. nana. Geoff.) qui est long d'à peu près 5 pouces, y compris la queue.

3me Genre. — Coussous (*Cuscus*, Lacépède).

Ces animaux ressemblent, à peu de chose près, parfaitement aux phalangers. Les espèces principales sont :

Le coussous tacheté (cuscus maculatus. Lesson) qui habite les îles de l'Inde et dans les forêts équatoriales des grandes îles Moluques et Papoues.

Le coussous à croupion doré (cuscus chrysorrhos. Temm.) qui habite les Moluques ainsi que l'espèce suivante :

Le coussous à grosse queue (cuscus macrourus. Lesson) dont les naturels estiment la chair, ainsi que celle du *coussous blanc* (cuscus albus. Lesson) très-commun au Port-Praslin dans la Nouvelle-Irlande.

1ᵉʳ Genre. — POTOUROUS (*Hypsiprymnus,* Illiger).

Le potourou nain ou *potourou de Gaimard* (hypsiprymnus minimus ; hypsiprymnus Gaimardii), animal très-doux, excessivement agile et habitant surtout dans les buissons qui couvrent les rocailles de la Werra-Gambia dans la Nouvelle-Hollande : c'est la seule espèce que l'on ait vue en entier : les deux suivantes ne sont connues que par deux squelettes apportés de la Nouvelle-Hollande ; ce sont : le *potourou de Lesueur* (hypsiprymnus Lesueur. Quoy et Gaim), et le *potourou de Péron* (hypsiprymnus Peron. Quoy et Gaim).

MARSUPIAUX FOLIIVORES.

Ces animaux se distinguent par l'absence de canines aux deux mâchoires.

(1ᵉʳ Genre. — KANGOUROOS (*Kangurus,* Geoff.)

Les *kangouroos* se distinguent par la grande longueur de leurs pattes postérieures, par leur longue queue très-musculeuse ; les femelles sont pourvues de la poche abdominale qui couvre les mammelles ; ils sautent plus souvent qu'ils ne marchent, et leur marche elle-même est une série de petits sauts. Ces animaux sont excessivement nombreux et habitent en grande partie la Nouvelle-Hollande, la Nouvelle-Galle du Sud et la terre de Van-Diemen. Leur chair est très-bonne à manger. L'espèce principale est :

Le kangouroo enfumé (kangurus fuliginosus. Geoff.), qui atteint parfois jusqu'à 6 pieds de hauteur et qui est le plus grand animal qu'on ait trouvé à la Nouvelle-Hollande.

2me Genre. — Pétauristes (*Petaurus*, Shaw.)

Ces animaux sont tous également de la Nouvelle-Hollande. Nous nous contenterons de citer :

Le grand pétauriste (petaurus magnus), le *grand phalanger volant de G. Cuvier*, qui est pourvu comme les galeopithèques dont il a la taille, d'une membrane qui lui aide à sauter d'une branche à une autre et lui sert de parachute ; et

Le pétauriste pygmée (petaurus pygmeus. Desm.), le *phalanger volant nain de G. Cuvier*, de la grosseur d'une souris ; la membrane de ses flancs se termine aux coudes.

3me Genre. — Halmatures (*Halmaturus*, F. Cuvier.)

Ils ressemblent, à peu de chose près, beaucoup aux kangourous. Voici les deux espèces principales :

L'Halmature à bandes (halmaturus fasciatus. Boitard) qu'on trouve aux îles Bernier , et

L'Halmature thetis (halmaturus thetis. Busseuil) qui habite les environs du Port-Jackson.

4me Genre. — Phascolomes (*Phascolomys*, Geoff.)

La seule espèce connue est le *phascolome Wom-*

bat, animal lourd, massif, plantigrade, d'un caractère doux et timide dont la chair est très-recherchée des chasseurs de phoques ; à l'état sauvage il est foliivore, en domesticité il est omnivore. Il habite un terrier dans l'île de Ruig au sud de la Nouvelle-Hollande, et il n'en sort que la nuit. La femelle est pourvue d'une poche abdominale, et met bas quatre petits qu'elle élève avec les plus grands soins.

[illegible]
[illegible]
[illegible]
[illegible]
[illegible]
[illegible]
[illegible]

OISEAUX.

4

ORGANISATION GÉNÉRALE DES OISEAUX.

Les oiseaux se font remarquer par leur oviparité, leur corps couvert de plumes, leurs deux membres antérieures transformés en ailes, leur système de respiration excessivement élevé, ainsi que ceux des diverses autres fonctions, leurs sens; l'odorat et la vue surtout sont chez la plupart d'entre eux excessivement développés, ainsi que les facultés instinctives.

Grandes Divisions des Oiseaux.

Pour plus de facilité, nous les diviserons comme ci-bas :

Oiseaux.		
1er groupe. **Aériens.**	1° Ordre des Rapaces : Aigles, vautours, ducs, chouettes, etc.
	2° Ordre des Passereaux : Moineaux, ménureslyres, oiseaux-mouches, etc.
	3° Ordre des Grimpeurs : pies, perroquets, aras, cacatoës, etc.
2me groupe. **Terrestres.**	4° Ordre des gallinacés : Coqs, paons, dindes, faisans, tétras, etc.
3me groupe. **Amphitriens.**	5° Ordre des Echassiers : Hérons, Autruches, casoars, butords, etc.
4me groupe. **Aquatiques.**	6° Ordre des Palmipèdes : Canards, oies, cygnes, manchots, plongéons, etc.

1º GROUPE DES AÉRIENS.

1er Ordre. — RAPACES.

Les rapaces, qu'on divise en rapaces diurnes et nocturnes, sont parmi les oiseaux ce que sont les carnassiers parmi les mammifères. Ils se distinguent pour la plupart par leurs serres et leurs becs crochus et recourbés, surtout chez ceux qui vivent de proie vivante.

Première Tribut. — RAPACES DIURNES.

Les rapaces diurnes sont ceux qui pourvoient à leurs besoins pendant le jour ; les nocturnes, au contraire, sont ceux qui y pourvoient pendant la nuit et qui se reposent tant que dure la clarté.

Les diurnes se font remarquer par leur constitution tellement robuste, qu'ils peuvent passer instantanément d'un endroit glacial dans un autre qui est au contraire tropical ; c'est surtout chez eux que la vue et l'odorat sont excessivement développés. En voici les principales familles :

Rapaces Diurnes.
1º les Vulturiens . . . . Vautours, sarcoramphes.
2º les Gypaétiens . . . Gypaètes.
3º les Gypohiéraciens. Gypohiérax.
4º les Falconiens . . . . Aigles, faucons.

1º *Les Vulturiens.*

Ces rapaces vivent exclusivement de cadavres le plus souvent en putréfaction. Ce sont des oiseaux très-robustes, d'une grande force, mais lâches et poltrons. Les principales espèces sont :

Le vautour brun (vultur cinereus. Linnée). Le plus commun de tous les vautours et qui habite les montagnes de l'ancien continent, ainsi que

Le *vautour fauve* (vultur fulvus. Linnée), très-voisin du vautour chasse-fiente de Levaillant, qui habite l'Afrique et l'Europe méridionale.

Les sarcoramphes (sarcoramphus. Duméril) se rapprochent beaucoup des vautours; l'espèce principale est

Le sarcoramphe pape (sarcoramphus papa, Duméril; vultur papa, Linnée) qui habite la région tropicale de l'Amérique, et dont les mœurs sont à peu près analogues à celles du condor.

2º *Les Gypaétiens* ou *Griffons.*

Cette famille renferme l'espèce suivante :

Le lammergeyer ou *vautour des agneaux* (gypætus barbatus. Cuvier), qui habite les montagnes de l'ancien continent; il vit aussi bien de proie vivante que de charogne, mais c'est par erreur que l'on a dit qu'il enlevait des moutons; car leurs serres sont trop courtes pour pouvoir supporter un poids un peu lourd; du reste, on en a vu dévorer des enfants, mais sans les enlever.

3° *Les Gypohiéraciens.*

La seule espèce connue est le *gypohiérax cathartoides* (*gypohierax cathartoides*), nommé ainsi à cause de sa ressemblance avec les rapaces du genre catharthe.

4° *Les Falconiens.*

Ces rapaces, dont on se servait autrefois pour la chasse, qui faisait alors les plaisirs des princes, et dont l'éducation formait un art connu sous le nom de fauconnerie, comprennent dans leurs familles les *aigles* (aquila), les *milans*, les *buses*, les *éperviers*, les *balbusards*, les *faucons proprement dits*, etc. Rapaces qui vivent tous de proie vivante soit qu'ils l'enlèvent eux-mêmes, soit qu'ils s'emparent de la proie d'un de leurs congénères, comme le fait le *pycargue à tête blanche* qui, lorsque le *balbusard orfraie* s'est emparé d'un poisson, se précipite sur lui, le force à laisser tomber sa proie dont il fait lui-même sa pâture. Les mœurs de ces animaux, rapaces par excellence, sont très-intéressantes à étudier; les grandes espèces font leur nid sur les rochers les plus élevés: les montagnards du Dauphiné, qui font la chasse aux aigles, grimpent dans leur nid au moyen d'une corde et s'emparent des jeunes aiglons qu'ils viennent vendre sur les marchés des villes voisines. Leur genre de nourriture consiste pour les uns en mammifères ou oiseaux ; et pour d'autres, tel que le balbusard orfraie, en poissons ; il arrive parfois que ce rapace y va avec tant d'acharnement, et enfonce ses ongles si profondément dans sa proie, qu'il ne peut plus se débarrasser et qu'il se noie.

Deuxième Tribut. — RAPACES NOCTURNES.

Ces oiseaux ont l'ouïe très-fine, leurs ailes sont totalement couvertes de duvet, de telle sorte qu'ils volent sans bruit, afin de ne pas réveiller la proie qu'ils cherchent à surprendre. Cette tribu comprend les animaux bien connus sous les noms de *grands*, de *moyens* et de *petits ducs* ; de *chouettes*, d'*effraies*, etc. La lumière les éblouit, et s'ils essaient de sortir, les oiseaux qui les fuient pendant la nuit, les poursuivent alors de leurs cris et de leurs coups de bec et les forcent à rentrer dans leur gîte qui consiste le plus souvent en un creux d'arbre vermoulu. Ils vivent principalement de petits oiseaux, de mulots et autres rongeurs ; les grosses espèces exotiques s'attaquent même aux lièvres et à des animaux de la taille d'un renard.

2° GROUPE DES TERRESTRES.

1° Ordre des Passeraux.

Cette classe d'oiseaux est la plus nombreuse et couvre de ses espèces les deux continents ;

c'est surtout parmi eux qu'on remarque un instinct développé, des formes gracieuses, des couleurs éclatantes et une voix qu'ils savent moduler
et varier à l'infini. Voici le tableau de leurs divisions :

Subdivisions des Passereaux.

<table>
<tr><td rowspan="6">Passereaux</td><td>Dentirostres....</td><td>Pies-grièches, gobes-mouches, ja-
seurs, etc.</td></tr>
<tr><td>Fissirostres . .</td><td>Martinets, hirondelles, engoule-
vents, etc.</td></tr>
<tr><td>Conirostres . .</td><td>Alouettes, mésanges, bruants.</td></tr>
<tr><td>Tenuirostres .</td><td>Sitelles, grimpereaux, colibris, etc.</td></tr>
<tr><td>Syndactyles . .</td><td>Guépiers, martins-pêcheurs, etc.</td></tr>
</table>

Famille des Dentirostres.

Cette famille se caractérise comme l'indique
son nom par un bec échancré aux côtés de la
pointe. Elle contient des oiseaux qui, la plupart
du temps, sont omnivores ou insecti-frugivores.
Nous citerons en premier lieu :

Les pies-grièches (lanius. Linnée), qui sont omnivores, nichent avec propreté et ont la singulière propriété d'imiter instantanément quelques
parties du chant des oiseaux qui les entourent.
Nous citerons parmi les espèces connues :

La pie-grièche grise (lanius excubitor. Linnée).
La plus commune en Europe est de la taille d'une
grive ; son cri consiste en un *troüi*, *troüi*, qu'elle
répète sans cesse lorsqu'elle est perchée sur le

haut des arbres. Son courage surpasse sa taille ; elle ne fuit pas à l'approche du chasseur et réussit souvent à écarter et à mettre en fuite les corbeaux qui s'approchent de son nid ; elle vit, comme toutes les espèces de pies-grièches, d'insectes, de souris, de mulots et de jeunes oiseaux. Ce qu'elle a de particulier, c'est qu'elle n'émigre pas.

La petite pie-grièche (lanius minor. Gmelin), qu'on appelle aussi pie-grièche d'Italie, habite le midi de l'Europe et construit son nid avec des plantes odoriférentes.

La pie-grièche rousse (lanius rufus. Brisson) possède les mœurs de la précédente, habite également l'Europe, et c'est surtout chez elle qu'on a remarqué le talent d'imiter et de s'approprier les chants d'autres oiseaux.

Le boucher ou *pie-grièche écorcheur* (lanius colluris. Linnée), qui habite l'Europe et passe en France l'été et le printemps, qui se nourrit d'oiseaux, de lézards, de grenouilles qu'elle accroche aux épines et qu'elle dépèce ainsi, ou qu'elle se contente d'enfiler pour les retrouver au besoin et les dévorer à son aise.

Le fiscal ou *pie-grièche du Cap* (lanius fiscal, lanius collaris. Gmelim), ainsi nommée à cause de ses habitudes analogues à celles de l'espèce précédente ; le fiscal est criard, querelleur, vindicatif, ennemi de toute concurrence : il habite l'Afrique où on le trouve communément au Cap de Bonne-Espérance.

Le bacbackiri (lanius bacbackiri. Shaw.), ainsi nommé du cri qui est particulier au mâle. Cette pie-grièche, qui habite également l'Afrique méridionale, a les mêmes mœurs que la précédente.

Les *gobe-mouches* (muscicapa), nommés ainsi de leur nourriture qui consiste en moucherons, chenilles, araignées. Les principales espèces sont : le *gobe-mouche grisâtre* (muscicapa grisola. Linnée), le *gobe-mouche à collier* (m. albicolis. Temminck), le *bec-figue* (muscicapa atricapillo. Linnée) qui se trouve en Europe, et le *gobe-mouche mignard*, Viellot, qui habite l'Afrique méridionale.

Les *jaseurs* (bombzeilla. Brisson). Ces oiseaux, un peu plus grands qu'un moineau, habitent le nord des deux continents. Nous nous contenterons de citer :

Le *jaseur de Bohême* (bombzeilla garrulot. Viellot). Ce nom lui est mal acquis, car il n'est pas plus commun en Bohême qu'ailleurs ; il n'y fait même que passer. Son cri consiste en un *zi*, *zi*, *zi* uniforme et continuel ; son plumage est d'un gris vineux, et sa tête est ornée d'un toupet de plumes un peu plus allongées que les autres.

Les *merles* (turdus. Linnée) sont baccivores, c'est-à-dire qu'ils vivent de baies auxquelles ils joignent souvent des insectes et des vers ; ils se distinguent surtout par la qualité de leurs chants.
Parmi les merles de l'ancien continent, on remarque : le *merle noir* ou *merle vulgaire*, le *m. à plastron*, le *m. grive*, qui est le merle d'Eu-

rope qui chante le mieux ; le *m. doré*, le *draine*, la *litorne*, le *mauvis*, le *m. olivâtre*, le *m. de roche*, le *m. bleu*, le *rocar*, l'*espion*, le *réclameur*, l'*importun*, le *jean-frédéric*, qui ont tous une industrie particulière et des mœurs intéressantes ; mais aucun ne surpasse, pour la beauté du chant, le merle du nouveau continent nommé :

Le *merle polyglotte* (turdus polyglottus. Linnée) que les habitants de l'Amérique septentrionale nomment aussi le moqueur ; mais laissons parler l'illustre ornithologiste Audubon : « L'Eu- « ropéen qui entend cette voix vigoureuse et « passionnée à travers le feuillage du magnolia « de la Louisiane, la compare avec l'hymne « nocturne du rossignol, et ressent un secret « mépris pour ce qu'il admirait autrefois. Le « bignonia et les ampélopsis s'enlacent autour « des gros arbres, les dépassent, les couronnent « et retombent en festons ; des fleurs balsami- « ques, des grappes mûrissantes, des corymbes « empourprés, une atmosphère tiède et lumi- « neuse énivrent tous vos sens à la fois. Levez « les yeux : sur une branche de magnolia la fe- « melle se repose ; le mâle, aussi léger que le « papillon, décrit autour d'elle des cercles ra- « pides, remonte, descend, remonte encore, « ses belles plumes un peu développées, saluant « de la tête sa douce compagne ; et, toutes les « fois que son vol s'élance vers le ciel, recom- « mençant son chant de joie, le plus brillant de « tous les chants. Il ne débute pas, comme le « rossignol, par de longs et mélancoliques sou-

« pirs : il attaque franchement son thème musi-
« cal, qu'il module ensuite, qu'il gradue, qu'il
« varie avec un art incroyable, ayant soin de
« faire entrer dans la composition de son œuvre
« l'imitation des plus doux bruits dont la nature
« lui a fourni le modèle : le murmure des feuil-
« les, le roulement lointain de la cataracte, le
« gazouillement du ruisseau voisin. Ce chant
« accompagne son vol, mais ce n'est qu'un pré-
« lude encore. Lorsqu'il vient se poser sur le
« rameau qui soutient sa compagne, ses notes
« deviennent moins brillantes, plus moëlleuses,
« plus exquises. Puis il repart, s'abaisse, re-
« monte, parcourt de l'œil tous les environs,
« pour s'assurer que nul ennemi ne menace son
« repos ; il bat des ailes et semble, par ses mou-
« vements cadencés, exécuter dans les airs une
« danse folâtre ; puis, il revient percher près de
« sa compagne ; et, pour final de ce grand con-
« cert, lui donne la traduction la plus exacte
« de toutes les mélodies, de tous les cris, de
« tous les sifflements, de tous les accents qui
« appartiennent aux autres oiseaux et même aux
« quadrupèdes ! C'est l'aboiement du chien, le
« beuglement du bison, le miaulement du chat-
« cervier ; c'est le chant de la linotte et de la
« perdrix, le glapissement du renard et le ca-
« quet de la poule ; c'est la voix stridente du
« hibou, voix si fidèlement imitée, qu'elle jette
« la terreur parmi les petits oiseaux du voisi-
« nage, et les met en fuite au milieu du jour,
« comme si leur ennemi nocturne les poursui-
« vait à la clarté du soleil. Enfin, une note par-

« ticulière de la femelle se fait entendre, c'est
« un son triste, étouffé qui impose silence au
« moqueur ; aussitôt celui-ci cesse son chant, et
« le couple s'occupe à chercher un lieu favorable
« pour l'établissement de son nid. Ce nid est
« toujours placé à la proximité de quelque mai-
« son habitée ; le polyglotte sait que son langage
« amuse l'homme, et il n'est nullement farouche.
« C'est sur l'oranger, le figuier, le poirier, à la
« jonction de deux rameaux, qu'il construit le
« petit édifice : cinq œufs y sont déposés ; leur
« forme est ovale, ramassée ; leur couleur est
« d'un vert léger, tachetée de brun. Il y a trois
« couvées, de deux mois en deux mois, du
« printemps à l'automne. Pendant l'incubation,
« le mâle va chercher des insectes et les apporte
« à sa femelle, qui le remercie par un petit cri
« plein de tendresse ; celle-ci ne s'éloigne que
« rarement de son nid ; pour se rafraîchir ou
« se rouler dans le sable ; si, à son retour, elle
« trouve un de ses œufs déplacés, elle pousse un
« cri bas et triste qui fait accourir son compa-
« gnon, et on les voit se consoler mutuellement.
« Ne croyez pas que pour cela elle abandonne
« ses œufs, elle redouble au contraire d'assiduité
« et de soin, et ne les quitte plus jusqu'à l'éclo-
« sion ; lorsque cette dernière époque est sur le
« point d'arriver, la mère se laisse prendre dans
« son nid plutôt que de l'abandonner. L'incuba-
« tion dure quinze jours, et les petits, égale-
« ment, ont quinze jours d'enfance ; pendant ce
« temps, leurs parents les nourrissent avec des
« vermisseaux. Les planteurs respectent ces ai-

« mables voisins, et défendent à leurs enfants
« de les inquiéter ; leurs ennemis les plus dan-
« gereux sont les chats domestiques et les ser-
« pents. Quant aux oiseaux de proie, il en est
« peu qui attaquent le moqueur ; car il se défend
« toujours avec énergie, et va même au-devant
« de l'agresseur ; le seul qui le surprenne quel-
« quefois est le faucon de Stanley. Ce faucon
« vole bas et enlève le moqueur sans s'arrêter ;
« mais, s'il manque son coup, le passereau de-
« vient l'assaillant à son tour ; il poursuit le
« brigand, en appelant à lui ses pareils, et,
« quoiqu'il ne puisse atteindre le faucon, l'a-
« larme donnée, mettant tout le monde sur ses
« gardes, déconcerte le maraudeur.

« Audubon. »

Après les merles viennent les *chocards* (pyrrhocorax, Cuvier), dont on ne connaît en France
qu'une espèce, c'est

Le chocard Alpin (pyrrhocorax Alpinus, Cuvier),
qu'on nomme vulgairement choucas des Alpes.
Il est omnivore et se nourrit de graines, baies,
vers, crustacés, insectes, et au besoin de charognes. Il se tient l'été sur les montagnes Alpines
les plus inaccessibles ; l'hiver il descend dans
les vallées.

Les loriots (oriolus, Linnée), parmi lesquels on
remarque le Loriot d'Europe et *les becs-fins* (alo-
tacilla, Linnée), parmi lesquels se rangent les
rouge-gorges, les rossignols, les fauvettes, les
roitelets, les troglodytes, les lavandières, les

bergeronettes, etc., sont aussi de la famille des passereaux dentirostres.

Famille des Fissirostres.

Cette famille se caractérise par un bec court, large, aplati horizontalement, légèrement crochu, sans échancrure et fendu très-profondément. Tous les genres et leurs espèces que renferme cette famille, sont essentiellement insectivores et voyageurs.

1er Genre. — MARTINETS (*Cypselus*, Illiger).

Oiseaux aériens, s'il y en a. Les martinets mangent et boivent même en volant. Ils nichent dans les trous de murs et grimpent avec rapidité sur les surfaces unies. Tout le monde connaît *le martinet commun* (cypselus vulgaris), qui arrive chez nous pendant le mois d'avril et nous quitte aux approches du froid, et qui revient toujours au même domicile.

2º Genre HIRONDELLES (*Hirundo*, Cuvier.)

Les hirondelles ressemblent beaucoup aux martinets. Les principales espèces sont :

L'hirondelle vulgaire ou de fenêtre (hirundo urbica, Linnée); *l'hirondelle de cheminée* (hirundo rustica, Linnée); *l'hirondelle de rivage* (hirundo riparia, Linnée).

3° Genre SALANGANE (*Collocalia*),

Qu'on comprenait autrefois parmi les hirondelles et dont la principale espèce est *la Salagane comestible* (hirundo esculenta, Linnée), qui construit son nid, qui a la forme d'un bénitier, avec des varechs et des algues gélatineuses qui se dissolvent dans l'eau et fournissent un aliment, ou plutôt un composé d'un goût très-agréable et très-recherché des Chinois et des Japonais, et dont on se sert même comme médicament. Tous ces passereaux sont en général très-industrieux soit dans la construction de leurs nids, soit dans leur émigration, et c'est de leur nidification que L. Racine, fils du grand poète, se servait pour confondre les matérialistes :

O toi, qui follement fais ton Dieu du hasard,
Viens me développer ce nid qu'avec tant d'art,
Au même ordre toujours architecte fidèle,
A l'aide de son bec maçonne l'hirondelle.

(L. RACINE. — La Religion.)

4° LES ENGOULEVENTS (*Caprimulgus*, LINNÉE),

Sont des passereaux nocturnes qu'on serait tenté de prendre au premier abord pour des rapaces nocturnes. Leurs yeux sont grands, leur plumage est doux comme celui des chouettes; leur bouche fendue presque jusqu'aux yeux leur permet d'avaler de gros insectes. Ce sont des animaux solitaires. La seule espèce que nous ayons en Europe est :

L'engoulevent d'Europe (caprimulgus Europeœ), qui arrive chez nous au printemps, niche dans les bruyères, et va chercher des climats plus chauds au moment de l'année où sa nourriture devient moins abondante.

Famille des Conirostres.

Les oiseaux de cette famille se distinguent par un bec fort, plus ou moins conique et sans échancrures.

Genre ALOUETTES (*Alauda*, Linnée).

Le bec est court, droit, conique, pointu, à mandibule supérieure voûtée, et terminé en pointe aigue; l'ongle de leur pouce est droit, fort et bien plus long que les autres; leur régime est tantôt granivore, tantôt insectivore. Elles nichent dans les champs à terre et dans un enfoncement. Nous nous contenterons de citer :

L'alouette des champs (alauda arvensis. Linnée) qui habite tout l'ancien continent, qui ne perche pas et qui s'élève dans les airs en chantant mélodieusement. C'est de cette espèce dont Linnée a fait mention dans cette phrase : « Alauda volatu « perpendiculari in aere suspensa ; cantillans, « Creatoris laudem, ecce suum *tirile, tirile,* « suum *tirile* tractat (1). »

---

(1) « L'alouette au vol vertical, et suspendue dans les airs, fredonne sa chansonnette à la louange du Créateur: écoutez-la prolonger son *tirilé, tirilé,* son *tirilé.* »

On remarque encore l'*alouette hausse-col* (alauda alpestris. Linnée), qui a les mêmes mœurs que la précédente, qui se trouve dans le nord de l'Europe, de l'Asie et de l'Amérique.

Genre MÉSANGE (*Parus*, Linnée).

Ce sont des petits oiseaux très-vifs qui se nourrissent de graines, d'insectes et même d'oiseaux plus gros qu'eux dont ils commencent par manger la cervelle. Les principales espèces sont : la *grande mésange charbonière* (parus major. Linnée), la plus grande des espèces d'Europe ; la *petite mésange charbonière* (parus ater. Linnée) ; la *mésange bleue* (parus cœruleus. Linnée) qui habite toute l'Europe et vit sédentaire en France, etc.

La famille des conirostres, qui est excessivement nombreuse, comprend encore : les *bruants* (emboriza. Linnée), près desquelles se trouve l'*ortolan*, si recherché des gourmets ; les *moineaux* (fringilla. Linnée) connus de tout le monde pour leur caractère audacieux et leur voracité ; les *pinsons*, les *chardonnerets*, les *linottes* ; les *serins des Canaries*, les *gros-becs*, les *verdiers*, les *bouvreuils*, les *becs-croisés*, les *étourneaux*, les *corbeaux* dont la nourriture consiste le plus souvent en animaux en putréfaction et dont le chant servait d'augures chez les anciens Grecs et surtout les Romains ; les *pies* dont le caquetage continuel est passé en proverbe ; les *geais*, les *ralliers*, les *paradisiers*, parmi lesquels on remarque l'*émeraude*, le *manucode*, le *sifilet*, le *superbe*, l'*oran-*

ger, etc., qui, tous, se surpassent pour la beauté de leur forme et l'éclat de leur plumage.

Famille des Ténuirostres.

Les *passereaux ténuirostres* se distinguent par leur bec grêle, allongé, sans échancrure, et plus ou moins arqué, tels sont :

Les *sitelles* (sitta, Linnée), qui vivent dinsectes et de graines, et qui ont la prévoyance d'amasser en automne des provisions de noisettes, de faines, de graines de chanvre, de tournesols, etc.

Les *grimpereaux* (certhia, Cuvier), *les échelettes* (tichadroma, Illiger), qui sont insectivores, logent et font leur nid dans les crevasses des rochers et des murs.

Les *colibris* (trochilus, Linnée), les plus petits des oiseaux avec les oiseaux-mouches, dont ils diffèrent par leur bec plus arqué.

Les *oiseaux-mouches* (Orthorinchus, Lacépède) ont le bec droit, mais leurs mœurs, la beauté de leurs formes, l'éclat métallique de leur plumage les rendent semblables au colibri, et c'est également à tous deux que peut s'appliquer ce passage de Buffon : « Ils semblent suivre le so-« leil, s'avancer, se retirer avec lui, et voler sur « l'aile des zéphirs à la suite d'un printemps éternel. »

Les *craves* (fregilus, Cuvier), dont le naturel

est vif, inquiet, turbulent, dont le cri est aigu et sonore.

Les huppes (upupa, Cuvier), joli oiseau orné d'une crête de plumes qui lui a valu son nom, mais dont la malpropreté est si grande, que l'on dit en langage vulgaire, *sale comme une huppe.*

Famille des Syndactyles.

Les syndactyles diffèrent des autres passereaux, par leur doigt externe, presque aussi long que celui du milieu. A cette famille appartiennent :

Les guêpiers (merops, Linnée), ainsi nommés parce qu'ils poursuivent les insectes, surtout les abeilles, les guêpes, les frelons, etc., parmi lesquels on remarque *le guêpier d'Europe* (merops apiaster. Linnée), *le guêpier à tete bleue* des rives du Nil blanc (merops nubicus de Linnée), etc.

Et *les martins* (alcedo, Linnée), qui se subdivisent en *martins-pêcheurs* (alcedo, Linnée), et en *martins-chasseurs* (dacelo, Léach.); oiseaux parés, (surtout les martins pêcheurs), de brillantes couleurs, et qui vivent dans les endroits humides et marécageux, les uns de chasse, les autres de pêche.

Ordre des Grimpeurs.

Les oiseaux que renferme cet ordre fait par G. Cuvier, dans sa grande classification du règne animal, sont placés par G. St-Hilaire à la tête des passereaux et dans une famille qu'il nomme *famille des Psittacidés*, et par Ch. L. Bonaparte (1), à la tête des oiseaux dans l'ordre des *Psittaciens*. Nous conservons l'ordre qu'a suivi Cuvier, afin de rendre la marche plus facile, et d'un autre côté pour aider les élèves à passer leurs examens dont les programmes n'ont pu suivre les progrès de la science.

Les grimpeurs sont ainsi nommés de la conformation de leurs pattes qui les font grimper contre les arbres. Ils nichent en général dans les vieux troncs, leur vol est médiocre, leur nourriture consiste en insectes et en fruits. En voici les genres et les espèces principales :

Les pics (picus, Linnée), oiseaux au bec droit, fort pointu, propre à fendre les arbres. Ils sont solitaires, craintifs et rusés. Ils frappent continuellement l'écorce des arbres, et lorsqu'ils voient que ça ne leur résiste pas, ils redoublent, parviennent à faire un trou, dans lequel ils enfoncent leur langue enduite d'un suc visqueux, auquel s'attrapent les larves d'insectes placées sous cette écorce. En voici quelques espèces :

Le grand *pic noir* qui est friand d'abeilles, de fourmis, de chenilles, etc.

---

(1) Dans son Tableau de Classification publié en 1850 et intitulé : *Conspectus systematis ornithologiæ, Caroli Luciani Bonaparte*, etc.

Le pic-vert ou *pivert* (piceus viridis, Linnée), un des plus beaux oiseaux d'Europe. Il se trouve surtout sur les hêtres et les ormes.

Le *pic-cendré* (picus cianeus. Gmel), qu'on appelle encore pic de Norwège, ou pic à tête grise : il est aussi amateur de fourmis.

Le *pic-épeiche* (picus major. Linnée), vulgairement grand épeiche, qui est plus granivore qu'insectivore.

Le *pic moyen épeiche* (picus medius. Linnée), qu'on appelle aussi pic varié.

L'*épeichette* ou *pic petit épeiche* (picus minor. Linnée). Ces trois dernières espèces ont à peu près toutes les mêmes mœurs et se trouvent toutes plus ou moins communément en France.

Les *torcols* (yunx. Linnée) ne sont pas aussi grimpeurs que les pics ; ils sont ainsi nommés à cause de leur habitude singulière de tordre le col en tous sens lorsqu'on les surprend ou qu'ils aperçoivent quelque objet nouveau. La seule espèce connue est le *torcol verticille* (yunx torquilla, Linnée) qui habite l'Europe, l'Asie, l'Afrique ; il est très-commun en France pendant l'automne, où, du reste, il ne fait que passer.

Les *coucous* (* cuculus. Linnée) sont remarquables par l'habitude qu'ils ont, ne pouvant

---

(1) Prononcez *coucoulus* en vocalisant à la Romaine. Ce nom de coucou lui a été donné parce qu'il exprime le cri de cet oiseau.

couver eux-mêmes, de transporter leurs œufs dans les nids d'autres oiseaux. La principale espèce d'Europe est :

Le *coucou gris* ou *coucou vulgaire* (cuculus canorus. Linnée) qui émigre au mois de septembre, voyage la nuit et revient au mois d'avril ; il est insectivore et l'on prétend même qu'il mange les œufs d'autres oiseaux pour pouvoir mettre les siens à la place.

Les *indicateurs* (indicator. Viellot), grimpeurs d'Afrique et d'Asie, séparés par Levaillant du genre coucou dont les mœurs ont été étudiées par les voyageurs Sparmann, les frères Verreaux, Levaillant et Mauduyt ; et quoique ces deux derniers ornithologistes n'admettent pas ce fait, il est certain que les indicateurs qui sont très-friands de miel, et surtout de nymphes d'abeilles, attirent par leurs cris les hommes et les animaux, qui, tel que le ratel, par exemple, sont friands de miel, s'approchent d'eux, et, lorsqu'ils se voient suivis, continuent à voler jusqu'à ce qu'ils soient arrivés à une ruche ; ils s'arrêtent alors et voltigent autour jusqu'à ce que l'homme ou l'animal y soient arrivés et aient entamé la ruche ; puis, lorsque l'animal est parti, il approche et profite des restes.

Les *Perroquets* (psittacus, Linnée), qui ont le bec dure, solide, crochu, arrondi, qui se servent de leurs pattes pour porter leurs aliments à la bouche. Ils ont la tête volumineuse, des couleurs éclatantes, vertes, blanches, jaunes, etc. Ils se nourrissent de fruits, surtout de fruits pulpeux. Ils deviennent très-vieux et peuvent se reproduire dans les pays tempérés, quoiqu'ils appartiennent tous à des pays tropiquaux. Ils se subdivisent en plusieurs genres, dont les principaux sont : *les aras* (macrocercus, Veillot), *les perruches* (conurus, Kuhl.), *les psittacules* (psittacula, Brisson), *les perroquets* (psittacus, Linnée), *les kakatoés* (cacatua, Brisson), etc.

2° GROUPE DES TERRESTRES.

Ordre des GALLINACÉS (de *gallus*, coq).

Les *gallinacés* sont effectivement pour la plupart essentiellement terrestres; ils nichent à terre, et après les *manchots*, les *pingoins*, etc., ce sont ceux dont le vol est le moins élevé. Ils sont polygames et le mâle ne s'occupe nullement de la construction du nid, de l'incubation ou de la nourriture de la couveuse. Les jeunes gallinacés, dès leur naissance, ouvrent leurs yeux à la lumière et prennent eux-mêmes leur nourriture sous la conduite et la direction de leurs parents.

Genre ALECTORS (*Alector*, Merrem.)

Grands gallinacés d'Amérique et à-peu-près analogues à nos dindons, ces oiseaux sont paisibles et très-faciles à apprivoiser. Ils nichent sur des arbres très-élevés. Leur ponte est de deux à huit œufs. Parmi les alectors on trouve les hocos, et entre autres, le hocos noir commun à la Guiane et au Mexique, ainsi que le pauxi ou l'oiseau à pierre, ainsi nommé d'un tubercule de couleur bleue en forme de poire, adhérant par sa pointe à la base du bec, moins grande dans la femelle que dans le mâle, et dur comme une pierre.

Genre PAONS (*Pavo*, Linnée).

Le *paon domestique* (pavo cristatus. Linnée). Bel oiseau, originaire des Indes et qui fut, dit-on, apporté par Alexandre. La durée de sa vie est d'environ vingt-cinq ans ; il se plaît sur les lieux élevés ; les individus qui vivent à l'état sauvage possèdent encore des couleurs plus éclatantes ; voici ce qu'en dit l'ornithologiste Guéneau de Montbeillard :

« Si l'empire appartenait à la beauté, et non à
« la force, le paon serait sans contredit le roi
« des oiseaux ; il n'en est point sur qui la nature
« ait versé ses trésors avec plus de profusion :
« la taille grande, le port imposant, la démar-
« che fière, la figure noble, les proportions du
« corps élégantes et sveltes, tout ce qui annonce
« un être de distinction lui a été donné. Une
« aigrette mobile et légère, peinte des plus
« riches couleurs, orne sa tête et l'élève sans la
« charger ; son incomparable plumage semble
« réunir tout ce qui flatte nos yeux dans le co-
« loris tendre et frais des plus belles fleurs, tout
« ce qui les éblouit dans le reflet pétillant des

« pierreries, tout ce qui étonne dans l'éclat ma-
« jestueux de l'arc-en-ciel ; non-seulement la
« nature a réuni sur le plumage du paon toutes
« les couleurs du ciel et de la terre pour en faire
« le chef-d'œuvre de sa magnificence ; elle les
« a encore mêlées, assorties, nuancées, fondues
« de son inimitable pinceau, et en a fait un ta-
« bleau unique où elle tire de leur mélange avec
« des nuances plus sombres, et de leur opposi-
« tion entre elles, un nouveau lustre et des
« effets de lumière si sublimes que notre art ne
« peut ni les imiter, ni les décrire. »

La voix du paon est criarde, assourdissante
et désagréable ; il aime beaucoup la propreté,
comme la plupart des gallinacés ; la femelle est
privée des charmes du mâle.

Genre DINDONS *(Meleagris,* Linnée).

Les dindons se distinguent par l'absence de
plumes sur la tête et le haut du cou, et par deux
appendices placés l'un sous la gorge, et l'autre
sur le front ; les plumes de sa queue, quoique
plus petites et plus raides que celles du paon, font
également la roue : c'est à ce genre qu'appartient :

Le *dindon commun* (meleagris gallo-pavo. Linnée), originaire de l'Amérique, et qui parut
pour la première fois en France au repas de noce
de Charles IX. Son cri se nomme gloussement
et consiste, comme l'indique ce nom, en des
glous, glous, glous, glous répétés qu'ils font entendre quand on les approche, et depuis le
point du jour jusqu'au lever du soleil. Leur plu-

mage est assez joli , mais il varie considérablement, même chez les individus qui vivent à l'état
sauvage. On en connaît plusieurs autres espèces,
parmi lesquelles nous nous contenterons de
citer le *dindon ocellé* (meleagris ocellata. Cuvier).
Cette espèce , découverte depuis peu , près de la
baie d'Honduras , est remarquable par l'éclat
de ses couleurs qui rivalisent avec celles du
paon , et surtout par les miroirs couleur de sa-
phir , entourés de cercles d'or et de rubis, qui
décorent sa queue. Jusqu'à présent , cette espèce
ne se trouve que très-rarement dans les collec-
tions soit publiques, soit particulières sans cependant qu'elle soit rare au Yucatan et dans
divers autres lieux ; elle est au contraire très-
commune , et sa chair , qui fournit un excellent
manger, se vend sur les marchés pour la modique
somme d'environ un franc ; et voici pourquoi
l'on ne peut se procurer que la chair dans les
pays qu'habite le dindon ocellé : la chaleur est
tropicale, et si un naturaliste veut rapporter de
ses chasses un mammifère, un oiseau, etc. , il
faut qu'il emporte avec lui de quoi mettre l'animal en peau , c'est-à-dire du préservatif , des
pinces , des scalpels , et , en un mot , tout l'atti-
rail d'un empailleur qui se prépare à dépouiller
une pièce ; car , si l'on ne prend cette précaution,
au bout de très-peu de temps, la chair s'échauffe,
tombe en putréfaction et l'animal n'est plus bon
à rien. C'est ce qui fait que , lorsque les naturels
du pays prennent une pièce de gibier quelconque,
ils la dépouillent, la coupent en morceaux et la
salent immédiatement et dans tous les sens.

Genre PINTADES (*Numida*, LINNÉE).

Les pintades ont la tête nue, le corps un peu bombé ; elles sont vives, inquiètes, turbulentes et aiment à dominer sur les autres volailles ; elles n'aiment pas pondre dans les poulaillers et vont déposer leurs œufs dans les buissons et les broussailles : l'espèce la plus commune est

La *pintade proprement dite*, qui est originaire d'Afrique et qui fut introduite en Europe au quinzième siècle : depuis ce temps, elle y vit en domesticité. Les pintadeaux sont très-difficiles à élever. La chair de ces gallinacés était très-estimée des Romains.

Genre COQS (*Gallus*, Brisson).

C'est à ce genre qu'appartient l'espèce de gallinacé qui peuple toutes nos basse-cours et dont le nom latin a servi, étant francisé, de nom à tout l'ordre. On nomme ordinairement *coq* le mâle, et *poule* la femelle ; de même aussi que l'on nomme poulailler, le lieu de refuge que l'on bâtit dans les basse-cours pour plusieurs espèces de gallinacés. L'espèce vulgaire, et connue de tous, est le *coq vulgaire*, dont la jalousie qu'il porte à ses confrères est si grande que plusieurs peuples, entre autres les Anglais, en profitent pour en faire combattre deux ensemble ; ils ne quittent le champ de bataille que lorsque l'un des deux champions est mort ou du moins grièvement blessé. Pour montrer la tendresse des poules

pour leurs poussins, nous nous contenterons de
citer ce passage de Buffon : « Dans la plupart
« des poules, le désir ou le besoin de couver se
« marque au-dehors par des signes aussi éner-
« giques que ceux de l'accouplement auquel il
« succède dans l'ordre de nature, sans même
« qu'il soit excité par la présence d'aucun œuf.
« Une poule qui vient de pondre éprouve une
« sorte de transport que partagent les autres
« poules qui n'en sont que témoins, et qu'elles
« expriment toutes par des cris de joie répétés,
« soit que la cessation subite des douleurs
« de l'accouchement soit toujours accompagnée
« d'une joie vive, soit que cette mère prévoit
« dès-lors tous les plaisirs que ce premier plaisir
« lui prépare. Quoiqu'il en soit, lorsqu'elle aura
« pondu vingt-cinq ou trente œufs, elle se mettra
« tout d'abord à les couver; si on les lui ôte à
« mesure, elle pondra peut-être deux ou trois
« fois davantage et s'épuisera par sa fécondité
« même; mais enfin, il viendra un temps où,
« par la force de l'instinct, elle demandera à
« couver par un gloussement particulier, et par
« des mouvements et des attitudes non équivo-
« ques; si elle n'a pas ses propres œufs, elle
« couvera ceux d'une autre poule, et à défaut
« de ceux-là, ceux d'une femelle d'une autre es-
« pèce, et même des autres œufs de pierre ou
« de craie; elle couvera encore après que tout
« lui aura été enlevé et se consumera en regrets
« et en vains mouvements. Si ses recherches
« sont heureuses, et qu'elle trouve des œufs
« vrais ou feints dans un lieu retiré et conve-

« nable, elle se pose aussitôt dessus, les envi-
« ronne de ses ailes, les échauffe de sa chaleur,
« les remue doucement les uns après les autres,
« comme pour en jouir plus en détail, et leur
« communiquer à tous un égal degré de chaleur;
« elle se livre tellement à cette occupation qu'elle
« en oublie le boire et le manger : on dirait
« qu'elle comprend toute l'importance de la
« fonction qu'elle exerce; aucun soin n'est omis,
« aucune précaution n'est oubliée pour achever
« l'existence de ces petits êtres commencés, et,
« pour écarter les dangers qui les environnent...
« On juge bien que cette mère qui a montré
« tant d'ardeur pour couver, qui a couvé avec
« tant d'assiduité, qui a soigné avec tant d'in-
« térêt les embryons qui n'existaient encore
« point pour elle, ne se refroidit pas lorsque les
« poussins sont éclos : son attachement, fortifié
« par la vue de ces petits êtres qui lui doivent
« la naissance, s'accroît toujours par les nou-
« veaux soins qu'exige leur faiblesse : sans cesse
« occupée d'eux, elle ne cherche de la nourri-
« ture que pour eux; si elle n'en trouve point,
« elle gratte la terre de ses ongles pour lui arra-
« cher les aliments qu'elle recèle en son sein et
« s'en prive en leur faveur : elle les rappelle
« lorsqu'ils s'égarent, les met sous ses ailes à
« l'abri des intempéries, et les couve une se-
« conde fois. Elle se livre à ces tendres soins
« avec tant d'ardeur et de souci que sa constitu-
« tion en est sensiblement altérée, et qu'il est
« facile de distinguer de toute autre poule une
« mère qui mène ses petits, soit à ses plumes

« hérissées et à ses ailes traînantes, soit au son
« enroué de sa voix et à ses différentes inflexions
« toutes expressives et ayant toutes une forte
« empreinte de sollicitude et d'affection mater-
« nelle. Mais, si elle s'oublie elle-même pour
« conserver ses petits, elle s'expose à tout pour
« les défendre ; paraît-il un épervier dans l'air,
« cette mère si faible, si timide, et qui, en
« toute autre circonstance, chercherait son salut
« dans la fuite, devient intrépide par tendresse ;
« elle s'élance au devant de la serre redoutable,
« et par ses cris redoublés, ses battements d'ailes
« et son audace, elle impose souvent à l'oiseau
« carnassier, qui, rebuté d'une résistance im-
« prévue, s'éloigne et va chercher une proie
« plus facile. Elle paraît avoir toutes les qualités
« du bon cœur ; mais, ce qui ne fait pas autant
« d'honneur au surplus de son instinct, c'est
« que, si, par hasard, on lui a donné à couver
« des œufs de canne ou de tout autre oiseau de
« rivière, son affection n'est pas moindre pour
« ces étrangers qu'elle ne le serait pour ses
« propres poussins ; elle ne voit pas qu'elle n'est
« que leur nourrice et non pas leur mère, et
« lorsqu'ils vont, guidés par la nature, s'ébattre
« ou se plonger dans la rivière voisine, c'est un
« spectacle singulier de voir la surprise, les in-
« quiétudes, les transes de cette pauvre nour-
« rice, qui se croit encore leur mère, et qui,
« pressée du dessein de les suivre au milieu des
« eaux, mais retenue par une répugnance in-
« vincible pour cet élément, s'agite, incertaine
« sur le rivage, tremble et se désole, voyant

« toute sa couvée dans un péril évident sans
« oser lui donner des secours. — BUFFON. »

Genre FAISANS *(Phasianus)*.

Les animaux que renferme ce genre sont extrêmement farouches ; ils sont privés de crêtes
sur la tête ; sa forme et son cri se rapprochent
un peu de ceux du paon. On prétend qu'à l'état
sauvage, les faisans sont monogames. Tels
sont :

Le *faisan proprement dit* (phasianus colchicus)
qui est originaire de la Mingrélie et qui est aujourd'hui répandu dans tout l'ancien continent.

Le *faisan à collier* (phasianus torquatus.
Temm.); le *faisan argenté* et le *faisan doré* (phasianus pictus. Linnée) qu'on appelle aussi *faisan
tricolore*, qu'on trouve tous trois dans la Chine.

L'on plaçait aussi autrefois, parmi les faisans,
l'*argus* ou *luen* (argus giganteus, Temm : phasianus argus, Linnée), très-bel oiseau qu'on appelle aussi *oiseau de Junon*, et qui habite les
forêts ombreuses du Java et de Sumatra.

Après les faisans, on remarque dans cette famille les *tétras* (tetrao. Temm) , qu'on nomme
aussi *coqs de bruyères*, les *gélinottes*, les *lacyopèdes*,
les *gangas* (pterocles. Temm.) , les *perdrix* (per-
dix. Brisson) dont la chair est très-estimée ; les
cailles, les *pigeons* et les *tourterelles* (columba.
Linnée) qui se subdivisent en une multitude de
genres, d'espèces et de variétés.

3° GROUPE DES AMPHITRIENS.

Ordre des ECHASSIERS.

Ces animaux dont les uns sont terrestres (l'autruche, le casoar, etc.), les autres aquatiques et aériens, comme les hérons, les flammants, etc. ont effectivement, à l'exception des autruches, des casoars, la faculté de vivre dans les marécages au moyen de leurs longues pattes, ainsi que sur terre, et ils ont même un vol très-élevé. En voici les diverses familles :

<table>
<tr><td rowspan="5">Echassiers</td><td>1°</td><td>Famille des</td><td>Brévipennes .</td><td>Autruches, etc.</td></tr>
<tr><td>2°</td><td>—</td><td>Pressirostres .</td><td>Outardes, pluviers, etc.</td></tr>
<tr><td>3°</td><td>—</td><td>Cultrirostres .</td><td>Agamis, hérons, etc.</td></tr>
<tr><td>4°</td><td>—</td><td>Longirostres .</td><td>Ibis, courlis, etc.</td></tr>
<tr><td>5°</td><td>—</td><td>Macrodactyles.</td><td>Râles, flammants, etc.</td></tr>
</table>

1° Famille des BRÉVIPENNES.

Comme l'indique ce nom les oiseaux de cette famille se distinguent par la petitesse de leurs ailes. Les deux principaux genres sont : les *autruches* (struthio. Linnée) et les *casoars* (casuarius. Brisson) qui sont les plus grands oiseaux, qui ne peuvent voler, mais qui courent plus que tous les autres animaux. Les Arabes nomment l'autruche le chameau du désert. Le casoar en diffère en ce qu'il est moins gros, plus bas sur jambes, et une espèce (le casoar à casque des Iles Moluques), est pourvu, comme l'indique son nom, d'un prolongement osseux qui surplombe la tête. Ils déposent tous leurs œufs dans le sable. C'est de la queue de l'autruche que l'on tire ces plumes dont se sert le luxe pour en faire des parures pour les chapeaux de dames.

2° *Famille des* PRESSIROSTRES.

Les pressirostres sont des échassiers dont le bec est médiocre et dont les jambes manquent de pouces ou n'en ont qu'un très-court. A cette famille appartiennent les *outardes* (otis. Linnée), gibier très-estimé et très-répandu en France ; les *œdicnèmes* (œdicnemus. Temm.) dont les jeunes sont assez estimés comme gibier ; les *pluviers* (charadrius. Cuvier) qui forment un gibier délicat ; ils sont très-abondants dans les temps de pluies : ce qui leur a fait donner leur nom. Les *vanneaux* (vannebus. Becsthein) dont les œufs passent pour délicieux et dont la chair est également très-estimée ; et enfin les *huîtriers*, ainsi nommés de leur nourriture qui consiste le plus souvent en huîtres , en moules et en plusieurs autres coquillages bivalves : ils habitent dans le nord de l'Europe, mais leur chair n'est pas estimée.

3° *Famille des* CULTRIROSTRES.

Ils se distinguent par leur bec gros, long et fort, le plus souvent tranchant et pointu.

Tels sont les *agamis* (psophia. Linnée), qu'on appelle aussi oiseaux trompettes, à cause de son cri fort et aigu, et qu'on dirait être le produit d'une ventriloquie ; ils s'apprivoisent aisément, et si bien, qu'au bout de peu de temps de domesticité, ils peuvent faire l'office d'un chien.

Les *grues* (grus. Brisson). Grands et jolis oiseaux propres aux deux continents, célèbres par leurs émigrations qu'ils accomplissent ainsi : à l'approche de chaque changement de saison, les grues s'élèvent d'abord avec difficulté ; puis ; de plus en plus facilement, et en décrivant des spirales régulières, elles se réunissent ensuite dans les airs, forment un triangle *isoscèle*, c'est-à-dire à deux côtés égaux, et partent sous la conduite d'un chef qui est remplacé à tour de rôle ; si, pendant leur route survient un vent violent, une attaque inattendue, ils changent subitement leur ordre et se placent en rond afin de mieux pouvoir y résister. Elles marchent de nuit ; le chef, qui se dirige à une certaine distance, pousse de temps en temps un cri qui les avertissent de la route qu'il tient, et auquel toute la troupe répond ; quand elles s'arrêtent pour prendre leur repos, elles choisissent des sentinelles chargées, au moindre danger, de les avertir par un cri perçant.

Quel instinct admirable ! et que ces innombrables beautés nous offrent d'exemples de la présence d'un Dieu, de sa bonté suprême, de sa toute puissance !

C'est probablement des grues, dont Louis Racine a voulu parler dans son poëme de la *Religion*, par ces vers :

Ceux qui, de nos hivers redoutant le courroux,
Vont se réfugier dans des climats plus doux,
Ne laisseront jamais la saison rigoureuse
Surprendre parmi nous leur troupe paresseuse.
Dans un sage conseil par les chefs assemblé,
Du départ général le grand jour est réglé :
Il arrive, tout part; le plus jeune peut-être
Demande, en regardant les lieux qui l'ont vu naître,
Quand viendra ce printemps par qui tant d'exilés
Dans les champs paternels se verront rappelés.

Les grues vivent d'insectes, de vers, de petits reptiles, de petits poissons et souvent de graines; elles font leurs nids sur de petites éminences qui sont de la hauteur de leurs pattes, et pendant que les femelles couvent, les mâles veillent à la sûreté commune en se promenant tout aux alentours.

Parmi les grues, on voit la grue proprement dite et la grue couronnée, ou oiseau royal de Numidie.

Les *Hérons* (ardea. Cuvier). Oiseaux tristes qui perchent et même nichent souvent sur le bord des rivières, où ils détruisent une grande quantité de poissons. La plupart des personnes connaissent le *héron proprement dit* que notre bon fabuliste a si bien caractérisé par ces quelques mots :

Un jour sur ses longs pieds allait je ne sais où
Le héron au long bec emmanché d'un long cou.
Il côtoyait une rivière, etc.

Le héron vit de reptiles et de poissons; il est triste, solitaire, fuit l'homme; quand il s'envole rejette les pieds en arrière et plie son long cou en trois parties, de sorte qu'on ne lui voit pas la tête. Sa chair, qui a un mauvais goût de poisson, était autrefois estimée et servie sur les tables princières. On se servait pour sa chasse du faucon, des gerfauts, etc. Outre le héron proprement dit, se trouve le blongios, le héron grande aigrette, le héron petite aigrette, le crabier, ainsi nommé de son genre de nourriture qui consiste en petits poissons, en crabes, en insectes et en coquillages; les butors, dont la voix forte a quelque analogie avec le mugissement du taureau, d'où lui est venu son nom (*bos-taurus*, *butor*); il vit tantôt dans les marécages, tantôt dans les bois, et il se nourrit indifféremment de reptiles, de poissons et de petits rongeurs; les *bihoreaux* dont le croassement effrayant et lugubre leur a fait donner le nom de corbeaux de nuit: leur chair est mauvaise.

Les *cigognes* (ciconia. Cuvier) qui vivent de poissons, de reptiles, d'insectes et de mollusques; elles sont presque partout de passage; elles ont beaucoup de tendresse pour leurs petits, une grande charité pour leurs confrères vieux ou faibles; et se rendent utiles en détruisant une grande quantité de reptiles; on croit encore dans certains pays, que lorsqu'une cigogne s'établit sur ou près d'une maison, elle porte bonheur aux personnes qui l'habitent. Les principales espèces sont : la cigogne blanche , la cigogne noire, la cigogne argale du Sénégal et la cigogne marabou de l'Inde. On se sert des belles plumes de ces dernières, à barbes déliées, souples et flottantes, et très-recherchées pour la parure des dames, sous le nom de *marabous*.

Les *spatules* ou *palettes* (platulea. Linnée) qui se rapprochent des cigognes, mais qui en diffèrent par leur bec qui s'élargit en s'aplatissant, semblable à une spatule : ce qui leur a fait donner ce nom. On en connaît plusieurs espèces, parmi lesquelles on remarque la spatule blanche et la spatule rose.

4° *Famille des* LONGIROSTRES.

Les oiseaux de cette famille se caractérisent par leur bec long et grêle. On connaît jusqu'à présent : les *ibis* (ibis. Cuvier), parmi lesquels se trouve l'ibis sacré ou ibis blanc, l'ibis noir ou mieux l'ibis vert et l'ibis rouge : le premier, qui habite l'Afrique, était adoré des Egyptiens ainsi que l'ibis vert.

On voit aussi les *courlis* dont on a deux espèces en Europe : le *courlis vulgaire* (numenius vulgaris), et le petit courlis qu'on nomme aussi corlieu ; puis les *bécasses* et les *bécassines* (scolopax. Cuvier) qui sont à peu près tous un excellent manger et dont nos marchés sont toujours fournis en abondance ; les *barges* (limosa. Bechstein), et les *chevaliers* (totanus. Cuvier) sont aussi des échassiers longirostres.

5° *Famille des* MACRODACTYLES.

Les oiseaux de cette famille se distinguent par leurs doigts de pieds excessivement longs, propres à marcher sur les larges feuilles des herbes marécageuses, et même à nager. Voici cinq des principaux genres :

Les *kamichis* (palamedea. Linnée), qui ont pour espèce le kamichi cornu qui habite l'Amérique méridionale, vit par paire, d'herbes, de reptiles, de graines aquatiques; il fait entendre les éclats d'une voix très-forte.

Les *râles* (rallus. Linnée), qui sont aussi un gibier assez délicat, surtout la marouette ou petit râle tacheté qu'on nomme aussi indifféremment cocouan, girardine, grisette; chacun connaît aussi le râle-d'eau qui habite sur le bord des marécages, qui est à peu près de la grosseur d'une caille et qui se nourrit d'insectes, de petits crustacés, tels que les crevettes, de limaçons, etc.; et le râle des genêts (*rallus crex*. Linnée) qu'on appelle vulgairement roi des cailles; il vit dans les champs d'insectes et de graines, il court dans les herbes avec une grande vitesse.

On distingue aussi les *poules d'eau* (gallinula. Brisson) qui vivent l'été sur les eaux douces et même stagnantes; elles nagent et plongent avec facilité; mais ont un vol bas, lourd et qu'elles ne soutiennent pas longtemps; l'hiver elles descendent dans les plaines et cherchent les sources vives et qui ne gèlent pas.

Les *foulques* (fulica. Brisson) qui sont excellents nageurs et passent leur vie dans les marais et les étangs: ce qui donne à leur chair, qui est noirâtre, un goût marécageux fort désagréable.

Les *flammants* (phœnicopterus. Linnée) qui ont les jambes et le cou d'une longueur excessive; ils vivent également sur les bords des marais de coquillages, d'insectes, d'œufs de poissons. De même que les grues, ils font dans les marais, lieux de leur séjour, un nid de terre élevé, sur lequel ils se mettent à cheval pour couver: leur plumage se distingue par des couleurs éclatantes où le rouge pourpré et le rose dominent.

4° GROUPE DES AQUATIQUES.

Ordre des PALMIPÈDES.

Comme l'indique leur nom ces oiseaux ont les pieds palmés, c'est-à-dire qu'ils possèdent une membrane qui s'étend entre tous leurs doigts: ils ont le cou souvent bien plus long que leurs pattes. Leur plumage est serré, lustré, imbibé d'un suc huileux; garni, près de la peau, d'un duvet épais qui empêche l'eau de pénétrer: c'est ce qui a donné lieu à ce jeu de mots qu'on emploie souvent en parlant d'une personne sur laquelle la douleur, les reproches, etc., rien ne fait: *Çà lui fait autant*, dit-on alors, *que l'eau sur la plume du canard.*

Cet ordre se subdivise en quatre familles, qui sont :

1° La famille des *plongeurs* ou *brachyptères*,

2° Celle des *longipennes* ou des *grands voiliers*,

3° Celle des *totipalmes* ou des *palmipèdes par excellence*,

4° Celle des *lamelirostres* ou dont le *bec est dentelé*.

1° *Famille des* PLONGEURS *ou* BRACHYPTÈRES.

Ils se tiennent dans une position presque verticale, ils n'ont pas de longues ailes et même en manquent le plus souvent, ils nagent très-bien et ne peuvent ni bien voler ni bien marcher. Tels sont les *plongeons* (colymbus. Linnée); les *grèbes* (podiceps. Latham) qui vivent sur les lacs et les étangs, qui nichent dans les joncs; les *pingouins* (alca. Linnée); les *macareux* (fratercula. Brisson) qui, ainsi que les *manchots* (aptenodides. Forster), ont des ailes excessivement petites et ne peuvent voler : ce sont des oiseaux stupides qui se laissent assommer à coups de bâtons, et qui, de loin, sur le rivage, ont l'air de petits nains en battant leurs rudiments d'ailes qui semblent être des bras.

2° *Famille des* LONGIPENNES.

Ces oiseaux se distinguent par leurs grandes ailes et leur vol longtemps soutenu au-dessus des mers ; ce qui leur fait donner le nom de grands voiliers. Parmi eux, se trouvent les *pétrels* (procellaria. Linnée) qu'on appelle aussi oiseaux des tempêtes, qui habitent les pôles arctiques, et qui se trouvent également, mais plus rarement, sur nos côtes.

Les *albatrosses* (diomedea. Linnée), les plus massifs de tous les oiseaux aquatiques; ils sont excessivement gloutons, se nourrissent de mollusques, de poissons, de zoophytes, etc.; ils ont une voix très-forte, et qui, selon quelques voyageurs, égale le braiement de l'âne.

Les *goélands* et les *mouettes* (larus. Linnée): espèces qui vivent également sur les bords de la mer de poissons et de mollusques.

Les *stercoraires* (lestris. Illiger) qui poursuivent les petites mouettes pour leur faire lâcher leur proie.

Les *hirondelles de mer* (sterna. Linnée), qui ont les ailes excessivement longues et qui volent avec rapidité et dans tous les sens en enlevant leur proie, c'est-à-dire les petits poissons et les mollusques dont elles se nourrissent.

Les *coupeurs d'eau* ou *becs-en-ciseaux* (rhynchops. Linnée) qui ressemblent aux genres précédents.

3° *Famille des* TOTIPALMES.

Ces animaux se distinguent en ce qu'ils ont le pouce réuni aux autres doigts dans une seule membrane ; ils sont de bons voiliers et ont des pieds courts. Tels sont les *pélicans* (pelicanus, Linnée ; onocrotalus, Brisson) qui se distinguent par la membrane placée sous leur mandibule inférieure , et qui est assez grande pour contenir de douze à quinze litres d'eau : c'est là qu'ils mettent le surplus de leur pêche , et ils en nourrissent leurs petits en soulevant cette membrane et en faisant passer dans leur bec ce qu'elle renferme : ce sont des oiseaux massifs. On se sert souvent de leur membrane pour en faire des poches renfermant le tabac et qu'on nomme blagues. On s'en sert en domesticité pour le faire pêcher.

Les *cormorans* (phalacrocorax. Brisson) qui manquent de poches assez grandes pour renfermer les poissons. Ils sont pour la plupart noirs , ont le bec très-dilatable. On s'en sert également pour la pêche, mais en ayant soin de lui passer un anneau au cou pour qu'il ne puisse manger que le petit frétin.

Les *frégates* (tachypetes. Viellot) ont une queue longue et fourchue , des pieds courts et une énorme envergure : ce qui les rend excellents voiliers. Pour en donner une idée , nous nous contenterons de citer : la frégate proprement dite qui atteint à peine la grosseur d'une poule et qui a jusqu'à douze pieds d'envergure.

Les *fous* ou *boubies* (disperus. Illiger) , ainsi nommés à cause de leur stupidité.

Les *anhingos* (plotus. Linnée) qui ne sont guère

plus gros que les canards, mais qui ont un cou
plus long.

Les *pailles en queue* (phaeton. Linnée) qu'on
appelle aussi oiseaux des tropiques, et qui se distinguent par deux pennes filiformes qui, de loin,
ressemblent à des pailles.

4° *Famille des* LAMELLIROSTRES.

Comme nous l'avons déjà dit ces oiseaux se
distinguent par leur bec dentelé sous forme de
petites lames; leurs ailes sont de longueur médiocre, et ils vivent plus sur les eaux douces
que sur les eaux de mer. En voici les principaux
genres :

Les *cygnes* (cygnus. Meyer) qui nagent avec
facilité, grâce et légèreté : un homme marchant
sur le rivage a peine à les suivre.

On en connaît plusieurs espèces, entr'autres :
le cygne blanc ou cygne domestique, le cygne
noir de la Nouvelle Hollande, le cygne trompette
de l'Amérique septentrionale, etc.

Les *oies* (anser. Brisson). Espèce qui se rapproche beaucoup des cygnes ; mais qui, tout en
étant plus petite, est moins gracieuse. Elles nagent peu et ne plongent pas ; elles voyagent beaucoup et se placent sur deux lignes formant un
angle à peu près ainsi : ➢. Le chef est placé
en tête, et, dès qu'il est fatigué, il retourne à
l'une des extrémités de l'angle en cédant sa place
à celui qui est placé après lui, de sorte que

chaque oiseau est chef à son tour. Pendant qu'elles mangent, qu'elles dorment, ou qu'elles s'acquittent de quelqu'autre besoin; il y en a toujours une qui, le cou tendu et la tête en l'air, veille à la sûreté de la troupe, et donne l'alarme en cas de danger. On pourrait citer ce trait tiré de l'histoire romaine et qui annonce la bonté de leur vue, leur ouïe très-fine et leur vigilance à toute épreuve.

En 390, après l'exil du consul Furius Camille, les Romains traqués par les Gaulois dont le chef était Brennus, se réfugièrent dans le Capitole. Les assiégeants, voyant qu'ils ne pouvaient s'emparer de la citadelle de vive force, résolurent de la faire tomber en leur pouvoir par surprise; ils choisirent pour cela une nuit obscure et montèrent si silencieusement en se tirant l'un l'autre que, non-seulement ils trompèrent les sentinelles, mais même la vigilance des chiens; les oies seules, qui étaient consacrées à Junon, et qu'ils avaient épargnées malgré la disette, réveillèrent les Romains qui, sous le commandement de Manlius, précipitèrent les assiégeants au bas du rocher.

Les *canards* (anas. Meyer) qui habitent toutes les parties du monde, dont plusieurs espèces fournissent un manger délicat, et parmi lesquels on trouve : le *canard domestique* (anas vulgaris), les *macreuses*, le *souchet*, le *tadorne* (anas tadorna), le *canard musqué*, la *sarcelle*, etc., enfin l'*eider* (anas eider) qui vit sur les rochers, au bord de la mer et dont le duvet, surtout celui placé sous le ventre, est si recherché pour en faire ce qu'on nomme des édredons: on peut s'en procurer une certaine quantité en allant le chercher dans leur nid, car la femelle s'en dépouille pour placer ses œufs dessus; si on le lui enlève, elle s'en dépouille de nouveau plusieurs fois, et lorsqu'elle n'en a plus, le mâle s'en dépouille à son tour; mais si on continue à le leur enlever, et qu'ils ne puissent le remplacer, ils s'envolent et abandonnent leur nid.

ORDRES

DES

Reptiles et des Amphibiens ou Batraciens.

CLASSE DES REPTILES.

Les Reptiles sont des animaux à sang froid, dont la circulation est incomplète et dont une grande partie est dépourvue de membres. Ils sont ovipares, et leur corps est couvert d'écailles.

On les divise en trois ordres, qui sont :

1° L'ordre des Chéloniens,
2°　　id.　　Sauriens,
3°　　id.　　Ophidiens.

1°. Ordre des Chéloniens.

Cet ordre se distingue par l'élargissement des vertèbres, des apophyses à côtes et du sternum, et qui leur forme une carapace sous laquelle ils peuvent retirer leur tête et leurs membres. Les chléoniens nous sont d'une grande utilité : leur chair, pour la plupart, fournit un met exquis, elle entre également dans les médicaments ; leurs œufs sont également très-bons, et leur carapace sert à fabriquer diverses choses, surtout des objets de quincaillerie. Cette carapace est recouverte par une peau qui est parsemée de larges écailles. Pour faire leur pêche, on prend différents moyens. En voici un, entre autres, qu'emploient surtout les Indiens : ils partent chacun dans une nacelle d'écorce, à laquelle est attachée par une grande corde un gros harpon qu'ils lancent sur les tortues de mer dès qu'ils les aperçoivent, et ils tâchent ensuite de les attirer au moyen de la corde jusqu'à la nacelle où ils terminent leurs souffrances en leur fendant la tête d'un coup de hache. Mais cette pêche n'est pas sans danger, et il arrive souvent que ces tortues qui atteignent des proportions colossales, et qui peuvent peser de cinq à huit cents livres, entraînent la frêle nacelle avec rapidité et la font chavirer. Lorsque ce contre-temps arrive, l'Indien qui la harponne, se laisse entraîner et attend tranquillement que la tortue s'arrête de guerre lasse ; il lui donne alors le coup de grâce et revient au lieu souvent bien éloigné d'où il est parti. Une manière plus simple de s'emparer des tortues, et dont on se sert plus fréquemment, c'est, lorsqu'on les rencontre à terre, de les retourner sur le dos l'une après l'autre, et on les prend alors avec facilité. Ayant à peu près dit tout ce qu'on pouvait dire sur cet ordre, nous en présentons ici toutes les subdivisions :

Chéloniens terrestres — Chersites ou Tortues terrestres :

1° genre Tortues : T. bordées, T. moresque, T. grecque, T. géante, T. géométrique, etc.

2° genre Homopodes : H. aréolé, H. marqué.

3° genre Pyxides : P. arachnoïde.

4° genre Cinixys : C. de home, C. de Bell, C. rongé, etc.

Chéloniens aquatiques

Elodites ou Tortues paludines

1° genre Cistude : C. de la Caroline, C. d'Amboine, C. à trois bandes, C. d'Europe, C. de Diard.

2° genre Emydes : E. Caspienne, E. ponctulaire, E. marbrée, E. géographique, E. d'Orbigny, E. à ventre rouge, E. des Florides, E. orné, E. de Splenger, E. d'Hamilton, E. rayée, E. de Turgy.

3° genre Tétraonyx : T. de Lesson, T. Bastia.

4° — Platisterne : P. à grosse tête.

5° — Emysaure : E. serpentine.

6° — Staurotype : S. tricaréné, S. musqué

7° — Cinosterme : C. scorpion, C. à pieds velus.

8° — Peltocéphale : P. tracassé.

9° — Podocnémides : P. élargie, P. de Duméril.

10° — Pentonyx : P. du Cap, P. d'Adenson

11° — Sternothère : S. noir, S. marron.

12° — Platémide : P. bossue, P. de St-Hilaire.

13° — Chelodine : C. de la Nouvelle-Hollande.

14° — Chélide : C. motomate.

Potamites ou Tortues fluviatiles

1° genre Gymnopode : G. ocellé, G. de Java, G. spinifère, etc.

2° — Cryptopodes : C. chagriné, C. du Sénégal, etc.

Thalassites ou Tortues marines

1° genre Chéloné : C. Franche, C. imbriquée, C. tachetée, C. vergetée, etc.

2° — Sphargis : S. Luth, etc.

Ordre des Sauriens.

Les sauriens se distinguent des chéloniens sous une grande quantité de rapports, quant à la forme extérieure : ils manquent de carapace, ont l'encéphale moins développé, le corps très-long, ainsi que la queue qui, chez quelques-uns, est prenante. Voici leurs familles, leurs genres et leurs principales espèces :

Sauriens :

Famille des Crocodiliens
- Caïman : C. à lunettes, C. à tête de chien, C. ponctué, etc.
- Crocodille : C. vulgaire, C. à casque, à nuque cuirassée, etc.
- Gavial : Gavial du Gange.

Famille des Caméléoniens
- Caméléon : C. vulgaire, C. bilobé, C. du Sénégal.

Famille des Geckotiens
- Platydactyle : P. ocellé, P. des murailles, P. d'Egypte, etc.
- Hémidactyle : H. de Péron, H. mutilé, H. Péruvien, H. bordé.
- Ptyodactyle : P. frangé, P. rayé, P. de Feuillée, etc.
- Phyllodactyle : P. de Lesueur, P. porphyré, P. gentil, etc.
- Sphériodactyle, S. sputateur, bizarre.
- Gymnodactyle : G. de Timor, G. de d'Orbigny.

Famille des Varaniens
- Varan : V. du désert, V. de Tunor.
- Héloderme : Héloderme Hérissel.

Sauriens : — **Famille des Iguaniens :**

Polychre : P. marbré, P. anormal.
Laimancte : L. longipède, L. ondulé.
Urostrophe : U. de Vautier.
Norops : N. doré.
Anolis : A. resplendissant, A. gentil.
Corytophane : C. à crète, C. caméléopisèdes.
Basilic : B. à capuchon, B. à bandes.
Aloponote : A. de Ricord.
Amblyrinque : A. à crète, A. noir.
Iguane : I. tuberculeux, I. rinolphe.
Métopocéras : M. cornu.
Cyclure : C. de Harlan, C. pectiné.
Brachylope : B. à bandes.
Enyale : E. rhombifère.
Ophryesse : O. sourcilleux.
Léiosaure : L. de Bell.
Upéranodonte : U. à collier.
Hypsibate : H. agamoïde.
Holotropide : H. microlophe.
Proctotrète : P. du Chili, P. à ventre bleu.
Tropidolépide : T. ondulé, T. à collier.
Phrynosome : P. couronné, P. orbiculaire.
Callisaure : C. dragonoïde.
Tropidogastre : T. de Blainville.
Microlophe : M. de Lesson.
Ecphymote : E. à collier.
Sténocerques : S. à ventre rose.
Strobilure : S. à collier.
Trachycipède : T. marbré.
Oplure : O. de Seba, O. de Maximilien.
Doryphore : D. azuré ou à queue courte.
Istiures : I. d'Amboine, I. de Lesueur.
Galéote : G. versicolore, G. à moustaches.
Lophyre : L. armé, L. tigré.
Lyriocéphale : L. perlé.
Otocrypte : O. à deux bandes.
Cératophore : C. de Stadart.
Sitane : S. de Pondichéry.
Chlamydosaure : C. de King.
Dragon : D. frangé, D. rayé.

Suite de la famille des Iguaniens

Léiolépide : L. tacheté.
Grammatophore : G. de Gaimard.
Agame : A. agile, A. sombre.
Phrynocéphale : P. d'Olivier, P. à oreilles.
Stellion : S. cyanogastre, S. commune.
Fouette-queue : F. spinipède, F. orné.

Suite des Sauriens :

Famille des Lacertiens

Crocodilure : C. Lézardet.
Thoricte : T. dragonne.
Neusticure : N. à deux carènes.
Aporomère : A. piqueté de jaune.
Sauvegarde : S. de Mérian.
Ameiva : A. vulgaire, A. d'Auber.
Cnémidophore : C. murin, C. Lacertoïde.
Dicrodonte : D. à goutelettes.
Acrante : A. vert.
Centropyx : C. éperonné, C. strié.
Tachydrome : T. japonais.
Tropidosaure : T. du Cap.
Lézard : Lézard des souches, L. gris.
Psammodrome : P. d'Edwards.
Ophiops : O. élégant.
Calosaure : C. de Leschenault.
Acanthadactyle : A. véloce.
Scapteire : S. grammique.
Erémias : E. du Cap, E. variable.

Famille des Chalcidiens.

Zonure : Z. gris, Z. polyzone, Z. du Cap.
Tribolonote : T. de la Nouvelle-Guinée.
Gerrhosaure : G. à deux bandes, G. rayé.
Saurophide : S. de Lacépède.
Gerrhonote : G. à bandes, G. multibandes.
Pseudope : P. de Pallas.
Ophisaure : O. ventral.
Pantodactyle : P. d'Orbigny.
Ecpléope : E. de Gaudichaud.
Chamesaure : C. serpent.
Hétérodactyle : H. imbriqué.
Chalcides : C. de Cuvier, C. d'Orbigny.
Trogonophide : T. de Wiegmann.

Suite de la famille des Calcidiens
- Chirote : C. cannelé.
- Amphisbène : A. blanche, A. aveugle.
- Lépidosterne : L. microcéphale.

Suite des Sauriens :

Famille des Scincoïdiens

- Trophidophore : T. de la Cochinchine.
- Scinque : S. des boutiques.
- Sphénops : S. bridé.
- Diploglosse : D. d'Owen, D. de Clift.
- Amphiglosse : A. de l'Astrolabe.
- Gongyle : G. ocellé, G. de Boyer.
- Cyclode : C. de la Casuarina.
- Trachysaure : T. rugueux.
- Hétérope : H. Brun, H. de Péron.
- Campsadactyle : C. de Lamarre-Piquot.
- Tétradactyle : T. de Décrés.
- Hémiergis : H. de Décrés.
- Léps : L. Chalcide.
- Hétéraunèle : H. mauritanique.
- Chélomèle : C. à quatre raies.
- Brachymèle : B. de la Bonite.
- Brachystope : B. Linéo-ponctué.
- Nessie : N. de Burton.
- Evésie : E. de Bell.
- Scélote : S. de Linnée.
- Prépédite : P. rayé.
- Ophiode : O. strié.
- Orvet : O. fragile.
- Ophiomore : O. à petits points.
- Acontias : A. peintade.
- Ablépharé : A. rayé et ocellé.
- Gymnophtalme : G. à quatre raies.
- Lériste : L. à quatre raies.
- Hystérope : H. de la Nouvelle-Hollande.
- Lialis : L. de Burbon.
- Dibame : D. de la Nouvelle-Guinée.
- Typhline : T. de Cuvier.

Des mœurs et des formes des Sauriens.

Les crocodiliens ont une forme lourde, massive ; ce sont les plus gros des reptiles ; ils sont amphibies ; nageant avec une grande facilité, ils courent encore assez bien sur terre, mais il leur est excessivement difficile de se tourner. Ils vivent essentiellement de chair, ils enlèvent souvent les bœufs qui viennent s'abreuver, les animaux ou les hommes qui veulent traverser le fleuve qu'ils habitent, les enfoncent dans l'eau, les noient et les dévorent avec une voracité dégoûtante. Le crocodille du Nil était une des divinités que les Egyptiens adoraient ; ils le faisaient nourrir par des prêtres qui lui étaient consacrés dans des salles réservées et aux frais de l'Etat ; à leur mort on les embaumait. Ils ont maintenant remplacé leurs anciens hommages par une guerre acharnée qu'ils leur font pour garantir leurs troupeaux. Ils se contentent, pour lui faire la chasse, de se munir d'un grand bâton attaché au bras par une lanière et qu'ils enfoncent dans la gueule du crocodille, le force ainsi de la tenir ouverte ; le font plonger et le noient. Les œufs que la femelle pond en assez grande quantité sont recouverts (comme du reste ceux de la plupart des reptiles) d'une peau membraneuse et élastique qui les fait rebondir lorsqu'on les laisse tomber d'un peu haut ; ils ne sont guère plus gros que des gros œufs d'oie et sont très-recherchés de la mangouste d'Egypte, à laquelle Hérodote donne le nom d'ichneumon. Le jeune crocodille, en sortant, est un peu plus gros que notre lézard gris des murailles (1) ; il a les yeux clos et est d'une grande faiblesse : ce qui se remarque toujours dans les deux règnes tant animal que végétal ; car plus un être devient fort, robuste et vieux , plus il met de temps à se développer ; si , au contraire , cet être est éphémère ou n'a qu'une existence de peu de durée, il se développe rapidement et en peu de temps parvient à son maximum de perfection.

Autant les crocodilliens sont redoutables , cruels, informes, autant les autres sauriens sont pacifiques, gracieux, gentils. Ils diffèrent beaucoup les uns des autres. Ils sont insectivores, et dès qu'ils aperçoivent une proie, ils dardent leur langue fourchue et gluante à laquelle s'attache l'insecte qui est avalé immédiatement. Parmi ces sauriens, nous nous contenterons de citer les caméléons dont la queue est prenante, dont la tête forme une espèce de casque, et dont le corps, selon la passion dont ils sont agités, change de couleurs : ce saurien habite l'Afrique, où, le plus souvent, il se tient sur les arbres en quête d'une proie. Les iguanes qui habitent l'Amérique et qui atteignent une taille assez volumineuse ; leur chair est réputée très-bonne. Les

____

(1) Auquel presque dans toute la France on donne le nom de *larmise*.

geckos, animaux singuliers et lents qui grimpent très-facilement au moyen de leurs doigts élargis à l'extrémité et armés d'ongles assez forts ; ils ont aussi la faculté de marcher sur les plafonds le dos renversé : on les trouve en Afrique, surtout en Egypte, et dans le midi de l'Europe ; la seule espèce qu'on trouve en France habite surtout la Provence, où, sous le nom de tarente, elle passe pour être si venimeuse, que, dit-on, son seul attouchement, son souffle empoisonné suffisent pour donner la mort : c'est une erreur si grande, que je connais deux presonnes qui en ont été mordues sans en éprouver le moindre mal. On trouve également en Afrique les scinques. Mais les sauriens les plus curieux, sont : l'orvet, l'anguis fragillis de la science, auquel les campagnards et les enfants donnent vulgairement les noms de *borgnes*, de *serpents de verre*, etc., qui est effectivement d'une fragilité très-grande, comme du reste les queues de lézards, et sur lequel on a débité des fables absurdes : ce curieux animal n'a point de pattes extérieures, mais il en a des rudiments à l'intérieur, et les écailles circulaires qui couvrent son corps le placent dans les sauriens, et non dans les ophidiens, comme l'avaient fait les anciens naturalistes. On remarque aussi le dragon ou lézard volant, ainsi nommé, parce qu'il a sur les côtés des prolongements de membranes qui ont la forme d'ailes et qui lui servent de parachutes pour s'élancer d'une branche à une autre. On distingue aussi dans les lacertiens le lézard gris, ou lézard des murailles, nommé communément larmise, qui grimpe avec agilité contre les murs et se réfugie dans les trous qu'on y pratique pour empêcher que l'humidité ne les dégrade, et qui se nomment pour cela *lézardières*. C'est un joli petit animal long de 6 centimètres du bout du museau à l'origine de la queue ; sa couleur est d'un brun fauve parsemé de taches, ou mieux de points d'un blanc verdâtre au-dessus, et le dessous du corps est totalement de cette dernière couleur, mais cependant le vert y est plus prononcé. On distingue également le lézard vert, qu'on nomme aussi lézard des bois, chez lequel la couleur verte domine, et le lézard des souches, chez lequel, ainsi que du reste chez la plupart des lacertiens, les couleurs varient extraordinairement, non-seulement dans les sexes, mais même dans les mâles ou les femelles d'une même espèce.

Ordre des Ophidiens.

Les ophidiens (du grec ωφις, *serpent*) se distinguent des précédents par l'absence complète de pattes tant extérieures qu'intérieures. Leur corps est rond et très-allongé ; leurs mâchoires sont susceptibles d'une énorme dilatation, mais ne peuvent presque en aucun cas, leur servir à mâcher ; mais, comme leurs dents sont fines, pointues et recourbées en dedans de leur bouche, elles leur servent à retenir leur proie ; car, comme on le comprend aisément, plus l'animal mordu cherche à s'échapper, plus les dents s'enfoncent profondément.

Parmi ces reptiles les uns sont venimeux, les autres au contraire ne le sont pas : les premiers se distinguent par deux crochets cinq ou six fois plus longs que les dents, excessivement effilés, creux dans toute leur longueur et communiquant avec des vessies particulières pleines d'un venin très-violent destiné à faire subir à la chair une décomposition préparatoire sans laquelle ces reptiles, qui ne peuvent mâcher, ne pourraient la digérer.

1re *Section.* — OPHIDIENS VENIMEUX.

Les serpents venimeux se distinguent extérieurement par une large tête qui présente à peu près la forme d'un cœur, avec de petites plaques ; des écailles en forme de carène et une queue courte qui n'a pas un cinquième de la longueur de l'animal.

Les seules espèces de serpents venimeux que nous trouvions en France, et même en Europe, sont les *vipères* (viperœ), dont on ne trouve en ce pays que trois ou quatre espèces dont deux aux environs de Lyon. La plus commune est celle qu'on nomme *bérus* (vipera berus), qui est très-venimeuse et dont la piqûre fait enfler considérablement. Si c'est un enfant, une jeune personne de 16 à 17 ans, ou même une personne plus âgée, mais faible et maladive, l'enflure est suivie immédiatement du délire, et si on n'apporte promptement des secours, de l'agonie de la mort ; si la personne a passé 20 ans, et qu'elle soit robuste , non atteinte de maladies et d'une forte constitution , elle peut , sans aucuns remèdes résister tellement aux efforts du venin , que ses effets se bornent le plus souvent à une légère enflure. Le remède qu'on doit apporter à une piqûre de vipère consiste tout simplement à sucer la plaie , et si l'on a sur soi un peu d'alcali volatil (ammoniaque liquide). , à en verser une ou deux gouttes dessus ; le plus souvent la succion suffit ; mais, quoique cela, pour plus de précautions , on ne fait pas mal d'employer l'alcali et même de se procurer un verre d'eau dans lequel on en verserait également une ou deux gouttes, et qu'on avalerait immédiatement. Chez les serpents venimeux , les crochets sont enchâssés dans une proéminence osseuse , à la base de laquelle sont couchés jusqu'à 6 ou 7 autres crochets destinés à remplacer les deux autres , si un accident venait à les rompre. Parmi les serpents venimeux on trouve en tête le *crotale* ou *serpent à sonnettes* (crotalus horridus) , l'un des hôtes les plus redoutables et les plus terribles du Nouveau-Monde , qui vit de reptiles , d'oiseaux , de mammifères même de la grosseur d'un écureuil, d'un lièvre ; les chiens , les chevaux se laissent assommer plutôt que de passer dans un lieu fréquenté par ces redoutables reptiles qui se font reconnaître de loin par leur odeur insupportable et le bruit que font douze anneaux écailleux et vides placés à l'extrémité de leur queue : ce qui lui a fait donner le nom de serpent à sonnettes. La blessure qu'il fait est capable de tuer en quelques *secondes l'animal* et l'homme même le plus robuste au milieu de douleurs atroces ; mais son venin lui est aussi dangereux qu'à ses victimes ; ainsi je me rappelle avoir vu, il y a quelques années, un serpent à sonnettes qu'on conservait au Palais-St-Pierre dans une cage grillée en toile métallique, et qui, après s'être fait une légère piqûre, ne tarda pas à expirer. Le venin de tous les ophidiens qui en sont pourvus, si dangereux quand il pénètre dans le corps par une plaie quelconque, ne fait aucun mal si, au contraire, il est avalé comme les aliments ; ainsi le serpent est forcé souvent d'avaler lui-même son venin sans en ressentir aucun mal ; et le major Gardner, observateur exact et sûr, qui a séjourné longtemps dans la Floride-Orientale, a vu des cochons, des oiseaux de proie, et même beaucoup de nègres, manger et regarder comme un excellent met le corps sans préparation des serpents à sonnettes. Ces serpents s'apprivoisent même fort aisément au moyen de la musique.

On distingue aussi, parmi les espèces de cette section, le *naja* ou *serpent à lunettes*, nommé ainsi parce qu'ils ont sur la gorge un renflement considérable (1), sur lequel on remarque un trait noir présentant assez exactement la forme d'une paire de lunettes. Les Indiens qui l'adoraient ont été jusqu'à lui porter des aliments, et quand ils en étaient mordus, à le prier de les guérir.

---

(1) Ce renflement n'existe que quand il est irrité.

2me *Section*. — OPHIDIENS NON VENIMEUX.

Ces serpents sont dépourvus de venin ; ce qui, dans les pays tempérés, ne les rend pas à craindre ; car, dans ces pays, ils n'atteignent qu'une petite taille ; les plus grands ne dépassant pas de 6 à 10 pieds. Parmi ceux-ci, nous nous contenterons de citer les *couleuvres* (coluber. Linnée) dont on trouve quatre à cinq espèces dans le département du Rhône, et qui, dit-on, sont très-susceptibles d'attachement pour les personnes qui les élèvent : à l'appui de cela, voici un fait que, probablement, vous n'ignorez pas : un naturaliste fort digne de foi cite une couleuvre longue de 3 à 4 pieds et dont le corps était agréablement nuancé de vert et de jaune, qui était tellement affectionnée à la personne qui la nourrissait, qu'elle montait le long de ses bras, allait se cacher dans son sein, la suivait et reconnaissait sa voix absolument comme aurait pu le faire un chien.

Les couleuvres vivent ordinairement dans les lieux marécageux ; elles nagent très-bien, et, loin de nous être nuisibles, détruisent au contraire une grande quantité d'insectes et de petits quadrupèdes qui nuisent à nos récoltes et à nos jardins.

Si des pays tempérés, tel que l'Europe, on se transporte dans les vertes forêts de l'Amérique ou dans les déserts brûlants de l'Afrique, on trouvera, non plus des couleuvres inoffensives,

mais des énormes boas qui, sans être venimeux,
ne s'en rendent pas moins maîtres des plus grands
animaux ; mais laissons parler Lacépède : « On
« frémit lorsqu'on lit, dans les relations des
« voyageurs qui ont pénétré dans l'intérieur de
« l'Afrique, la manière dont l'énorme serpent
« devin s'avance au milieu des herbes hautes et
« des broussailles, ayant quelquefois trente ou
« quarante pieds de longueur, plus de dix-huit
« pouces de diamètre, et semblable à une longue
« et grosse poutre que l'on remuerait avec vi-
« tesse. On aperçoit de loin par le mouvement
« des plantes qui s'inclinent sous son passage,
« l'espèce de sillon que tracent les diverses on-
« dulations de son corps ; on voit fuir devant lui
« les troupeaux de gazelles et d'autres animaux
« dont il fait sa proie, et le seul parti qui reste
« à prendre dans ces solitudes immenses, pour
« se garantir de sa dent meurtrière et de sa force
« funeste, est de mettre le feu aux herbes déjà
« à demi brûlées par l'ardeur du soleil. Le fer
« ne suffit pas contre ce dangereux reptile,
« lorsqu'il est parvenu à toute sa longueur, et
« surtout lorsqu'il est irrité par la faim. L'on ne
« peut tenter sa mort qu'en couvrant un pays
« immense de flammes qui se propagent avec
« vitesse, au milieu de végétaux presque entiè-
« rement desséchés, et en élevant pour ainsi
« dire un rempart de feu contre la poursuite de
« cet énorme animal. Il ne peut en effet être
« arrêté ni par les fleuves qu'il rencontre, ni
« par les bras de mer dont il fréquente souvent
« le bord, car il nage avec facilité, même au

« milieu des ondes agitées ; et c'est en vain,
« d'un autre côté, que l'on voudrait aller cher-
« cher un abri sur de grands arbres : il se roule
« avec promptitude jusqu'à l'extrémité des cimes
« les plus hautes ; aussi vit-il souvent dans les
« forêts. Enveloppant les tiges dans les divers
« replis de son corps, il se fixe sur les arbres
« à différentes hauteurs, et y demeure souvent
« longtemps en embuscade, attendant patiem-
« ment le passage de sa proie. Lorsque pour
« l'atteindre ou pour sauter sur un arbre voisin
« il y a une trop grande distance à franchir, il
« enlace sa queue autour d'une branche, et
« suspendant son corps allongé à cette espèce
« d'anneau, se balançant tout d'un coup et s'é-
« lançant avec force, il se jette comme un trait
« sur sa victime, et contre l'arbre auquel il veut
« s'attacher. »   LACÉPÈDE.

Ce passage de Lacépède sur le boa devin, peut s'appliquer à tous les grands ophidiens pla- cés sous la zone torride. Ils s'emparent des plus gros animaux, tels que les bœufs, les gazelles, les cerfs, les tigres, etc. Ils les étreignent de leurs replis nombreux, les étouffent et les jettent défigurés et sans vie sur le sable ensanglanté ; puis, si la proie est trop grosse, ils la broient, la couvrent de bave, la réduisent en une sorte de pâte qu'ils avalent lentement. Leur digestion est si lente qu'elle ne s'opère qu'en cinq ou six jours. Pendant ce temps cet animal si terrible est livré à la merci des êtres les plus faibles : il est raide, la gueule béante et rempli de sa proie, dont les cornes et les parties dures ressortent ; on le croirait mort, ou tout au moins dans un état de léthargie profonde, si ce n'était ces gros yeux qui roulent hébétés dans leurs orbites. Telle est la puissance de l'homme sur toutes les autres créatures, qu'il arrive toujours un moment où les plus terribles tombent sous sa domination, tandis que son intelligence lui donne non seulement les moyens de s'en emparer, mais encore ceux d'échapper à leur voracité.

Amphibiens.

Les amphibiens sont des animaux vertébrés à sang rouge, à circulation incomplète, à respiration aérienne, mais dont le genre de vie est plutôt aquatique que terrestre ; ils sont insectivores, mais leurs mœurs ne présentent que peu d'intérêt, si ce n'est cependant dans le genre pipa qui présente une anomalie très-remarquable dans son mode de reproduction. Cette anomalie consiste en ce que le mâle, après avoir fécondé les œufs, les place dans les cellules que forme la superficie de la peau de la femelle qui se gonfle et les recouvre ; les œufs s'y développent, les têtards opèrent leurs métamorphoses et n'en sortent qu'à l'état parfait.

On nomme têtards, chez ces animaux, les jeunes amphibiens qui n'ont pas subi toutes leurs métamorphoses ; ainsi chez le têtard des grenouilles, par exemple, le jeune amphibien sortant de l'œuf ne semble avoir qu'une grosse tête suivie d'une queue ; il grossit ; puis, parvenu à son entier développement il prend les deux pattes antérieures ; les postérieures viennent ensuite ; il perd enfin la queue et devient parfait.

Voici la classification de ces animaux telle qu'elle est établie dans le 9e volume de la partie des reptiles, par MM. Duméril et Bibron, publié par la librairie encyclopédique de Roret sous le titre des *Nouvelles suites à Buffon*.

Classification des Amphibiens.

1er *Sous-ordre*, PÉROMÈLES.

Famille des Céciloïdes.

1er genre : Cécilie . . . C. museau étroit, C. ventre blanc, etc.
2e — Siphonops . S. Annelé, S. Mexicain.
3e — Epicrium . . . E. glutineux.
4e — Rhinatrème. R. à deux raies.

2me *Sous-ordre*, ANOURES.

Phanéroglosses raniformes :

1. genre Pseudis : P. de Mérian.
2. — Oxylosses : O. Leine.
3. — Grenouille : G. verte, G. des marais, G. rousse, etc.
4. — Cystignathe : C. Ocellé, C. galonné, C. de Bibron, etc.
5. — Lécupère : L. marbré.
6. — Dyacoglosse : D. peint.
7. — Cératophrys : C. à bouclier, C. de Daudin.
8. — Pyxicéphale : P. Arrosel, P. américain.
9. — Calyptocéphale : C. de Goy.
10. — Cycloramphe : C. marbré, C. fuligineux.

<table>
<tr><td rowspan="6">Suite des Raniformes :</td><td>11. genre Mégalophrys : M. montagnard.</td></tr>
<tr><td>12. — Pélodytes : P. ponctué.</td></tr>
<tr><td>13. — Alytes : A. accoucheur.</td></tr>
<tr><td>14. — Scaphiope : S. solitaire.</td></tr>
<tr><td>15. — Pélobate : P. Brun, P. cultripède.</td></tr>
<tr><td>16. — Sonneur : S. ventre de feu.</td></tr>
</table>

Suite des Phanéroglosses.

Hylœformes :

1. genre Litorie : L. américaine, L. marbrée.
2. — Aeris : A. grillon, A. nègre, A. orné.
3. — Limmodyte : L. rouge, L. madécasse.
4. — Polypédate : P. de Goudot, P. Lugubre.
5. — Ixale : I. à bandeau d'or.
6. — Eucnémide : E. de Madagascar, E. vert-jaune.
6 *bis.* Hylamlate : H. marbré.
7. — Racophore : R. de Reinwardt.
8. — Trachycéphale : T. géographique, T. marbrée.
9. — Rainette : R. verte, R. naine, R. brune.
10. — Michryle : M. Agathine.
11. — Cornufère : C. unicol, C. Dorsal.
12. — Hylode : H. rayé, H. ridé, H. large tête.
13. — Phyllomeduse : P. bicolore.
14. — Elosie : E. grand nez.
15. — Crossodactyles : C. de Gaudichaud.
16. — Phyllobates : P. bicolore.

Famille des Bufoniformes :

1. genre Dendrobate : D. sombre, D. peint.
2. — Rhinoderme : R. de Darwin.
3. — Atélope : A. jaunâtre.
4. — Crapaud : C. commun, C. vert, C. criard, etc.
5. — Phrynique : P. noirâtre, P. Austral, P. front blanc.
6. — Brachycéphale : B. porte-selle.
7. — Hylœdactyle : H. tacheté.
8. — Plectrocope : P. peint.
9. — Engystome : E. ovale, E. orné.
10. — Upéradonte : U. marbré.
11. — Bréviceps : B. bossu.
12. — Rhinophryne : R. dorsale.

Phrynoglosses. — Pipœforme :

1. genre Dactylèthre : seule espèce, le **D.** du Cap, qui habite le Cap de Bonne-Espérance.
2. genre Pipa : seule espèce, le **Pipa** ou **Tédon** d'Amérique.

3me *Sous-ordre*, URODÈLES.

Famille des Salamandrides :

1. genre Salamandre : **S.** terrestre, **S.** de Corse, **S.** noire.
2. — Salamandrine : **S.** à lunettes.
3. — Pleurodèle . **P.** chagriné, **P.** de Wattl.
4. — Bradybate : **B.** ventru.
5. — Cylindrosome : **C.** à longue queue, **C.** glutineux.
6. — Pléthodonte : **P.** brun, **P.** dos rouge.
7. — Bolitoglosse : **B.** rouge.
8. — Ellipsoglosse : **E.** à taches, **E.** Nébuleuse.
9. — Ambystome : **A.** Argus, **A.** noir.
10. — Géotriton : **G.** de Sari.
11. — Onyclodactyle : **O.** de Schlegel.
12. — Desmodactyle : **D.** écussonné.
13. — Triton : **Triton** à crête, **T.** marbré, **T.** rugueux.
14. — Euprœte : **E.** de Rusconi.
15. — Xiphonure : **X.** de Jefferson.
16. — Tritomégos : **T.** de Sieboldt.

Famille des Protéides :

1. genre Axolote ou Sirédon : **A.** de Humboldt.
2. — Ménobranche : **M.** latéral.
3. — Protée : **P.** Anguillard.
4. — Sirène : **S.** Lacertine.

Famille des Amphiumides :

1. genre Amphiume : **A.** pénétrant, **A.** à trois doigts.
2. — Ménopome : **M.** des monts Alléghanis ou de l'Ohio.

ORDRES

DES

Sélaques et des Poissons.

Sélaques.

L'ordre des sélaques a été séparé de l'ordre des poissons où ils étaient classés parmi les cartilagineux. Comme les poissons, ils sont des animaux à sang froid, de respiration branchiale ; leur forme extérieure est la même, mais leur tête en diffère beaucoup ; ils sont très-voraces, ne vivent guère que de matières animales qu'ils dévorent indistinctement vivantes ou mortes. On distingue parmi eux les *requins* ou *squales* qu'on nomme aussi, à cause de leur voracité, *chiens de mer*, et qu'on peut avec raison classer parmi les animaux les plus voraces : tout leur est égal ; ils dévorent avec la même avidité les animaux vivants, ou les charognes les plus dégoûtantes ; ils suivent souvent les vaisseaux, attendant, au dire des voyageurs, les morts que l'on jette à l'eau. Outre les requins, on remarque les *marteaux* dont la tête présente à-peu-près la forme des instruments dont ils portent le nom ; les *scies*, qui portent à l'extrémité de leur mâchoire supérieure une protubérance quelquefois très-longue qui représente à-peu-près une scie ou mieux un peigne dont les deux côtés seraient dentelés ; les *torpilles* remarquables par la propriété électrique qu'elles possèdent, et qui s'en servent probablement, ainsi que les poissons qui en sont pourvus, pour engourdir leur proie et s'en emparer plus facilement.

Poissons.

Les Poissons sont des animaux à sang rouge, à respiration s'opérant au moyen de branchies; leurs membres sont transformés en nageoires, excepté chez ceux nommés apodes (de A privatif et de πόδος, pieds). Parmi les poissons, on distingue les *coffres*, nommés ainsi à cause de la carapace osseuse et à plusieurs compartiments qui les entoure; le *thon* dont la chair est très-estimée, ainsi que celle du *brochet* et des *anchois*; la *morue*, le *merlan*, la *rémora* dont la tête est pourvue d'un disque ovale composé de lamelles et qui lui sert d'organe locomoteur; les *plies*, les *turbots*, les *soles* dont le corps est excessivement plat, les *anguilles*, les *gymnotes* qui sont pourvues d'un appareil électrique, les *harengs* remarquables par leur fécondité et leurs voyages, les *dorades*, les *carpes*, les *tanches*, les *maquereaux*, les *saumons*, etc. L'histoire des mœurs de ces animaux offre peu d'intérêt; ils sont les uns ovipares, d'autres ovovivipares, et, selon même quelques auteurs, on en a trouvé des vivipares.

Ils ne font entendre aucune espèce de son, ne construisent pas de nids, à l'exception cependant d'une seule espèce qu'on voit figurer dans les planches du *Dictionnaire d'Histoire naturelle* dirigé par Ch. d'Orbigny. Parmi eux, on en trouve qui n'habitent que l'eau de mer, d'autres qui n'habitent au contraire que l'eau douce des fleuves, et enfin quelques autres qui ne se plaisent que dans les eaux marécageuses. Voici maintenant un petit tableau de leurs grandes divisions :

Grandes Divisions des Poissons.	Poissons osseux :	Acanthoptérygiens : Espadon, thon, perche, maquereau.
		Malacoptérygiens abdominaux : Harengs, sardines, anchois.
		Malacoptérygiens subbranchiens : Morue, rémora.
		Malacoptérygiens apodes : Anguilles, gymnotes.
		Lophobranches : Syngnathes, hippocampes.
		Plectognathes : Coffres, diodons, tétrodons.
	Poissons cartilagineux :	Sturioniens : Esturgeon. Cyclostomes : Lamproie.

QUESTIONNAIRE.

Qu'est-ce qui distingue l'homme des autres animaux? — Quelle est la couleur dominante dans les diverses races d'hommes? — En combien de grandes divisions se classent les animaux? — De combien de classes se compose la division des animaux vertébrés? — Citez un mammifère, un oiseau, un reptile, un amphibien, un sélaque, un poisson? — De combien de classes se compose la division des articulés? — Citez-moi un insecte, un myriapode, un arachnide, un crustacé, un annélide? — De combien de classes se compose la division des mollusques? — Citez-moi un céphalopode, un ptéropode, un gastéropode, un acéphale, un tunicien, un bryozoaire? — De combien de classes se compose la division des zoophytes? — Citez-moi un échinoderme, un acalèphe, un polype, un infusoire, un spongiaire? — Qu'est-ce qui distingue les mammifères?, — Quelle est leur subdivision? — De combien d'ordres se composent les onguiculés? — Citez-moi un quadrumane, un chéiroptère, un insectivore, un carnassier, un rongeur, un édenté, un marsupial? — De combien d'ordres se composent les ongulés? — Citez-moi un pachyderme, un ruminant? — De quel ordre se composent les ichtyoïdes? — Citez-moi un cétacé? — Qu'est-ce qui distingue les quadrumanes? — Citez-moi les principaux genres des quadrumanes, leurs espèces, et ce qu'on distingue chez eux de remarquable? — Qu'est-ce qui distingue les chéiroptères? — Citez-moi leurs principaux genres, leurs espèces, et ce qu'ils ont de remarquable? — Qu'entend-on par insectivores? — Quels sont leurs principaux genres, leurs espèces, et ce qu'on voit chez eux de remarquable? — Qu'entend-on par carnassiers? — Comment se subdivisent les carnassiers? — Qu'entend-on par carnassiers plantigrades, par carnassiers digitigrades et par carnassiers amphibies? — Quels sont les principaux genres de plantigrades, leurs espèces et qu'est-ce qu'on distingue chez eux de remarquable? — Comment se subdivisent les digitigrades? — Combien de familles comprennent les lacertiformes? — Citez-moi un putois, une moufette, une marte, une loutre? — Combien de familles comprennent les cynociens? — Citez-moi un chien, un loup, un chacal, un renard? — Combien de familles comprennent les viverriens? — Citez-moi une civette, une mangouste, une genette? — Combien de familles comprennent les hyéniens? — — Citez une hyène? — Combien de familles comprennent les féliens? — Citez-moi un lion, un tigre, un jaguar, une panthère, un guépard, un cougouard, un lynx, un chat? — Quels sont les principaux genres et les principales espèces de lacertiformes? — Quels sont leurs mœurs et leur utilité? — Quels sont les principaux genres de cynociens? — Que remarque-t-on chez eux? — Quels sont les principaux genres des viverriens et leurs espèces principales ? — Que remarque-t-on chez eux ainsi que chez les hyènes ? — Que remarque-t-on chez les diverses espèces de féliens ? — Quels sont les principaux genres de c. amphibies ? — Que remarque-t-on chez eux ? — Qu'est-ce qui distingue l'ordre des rongeurs et comment se subdivisent-ils ? — De combien de familles se composent les omnivores et les herbivores ? — Citez-moi un écureuil, une marmotte, un ulacode, un rat-taupe, une gerboise, un rat, un nageur, un porc-épic, un lièvre, un dasypoïde ? — Citez-moi l'industrie, l'utilité et les dégâts des rongeurs ? — Qu'est-ce qui caractérise les édentés ? — Que signifie le mot tardigrade ? — Citez-moi un achée et un bradype ? — Citez-moi les genres et les espèces principales de longirostres, leurs mœurs, et ce qu'on observe chez eux de plus remarquable ? — Citez-moi les deux genres de monotrèmes ? — Qu'entend-on par marsupiaux, et comment se divisent-ils ? — Citez-moi un didelphe, un chironecte, un dasyure, un ursin, un phaséogale, un thylacin, un péramèle, un isoodon, un koala, un phalanger, un coussous, un potourous, un kanguroo, un pétauriste, un halmature, un phascolome ? — Citez-moi ce que ces animaux présentent de plus remarquable ? — Qu'est-ce qui distingue les oiseaux ? — En combien de groupes se divisent-ils ? — En combien d'ordres se divise le groupe des aériens ? — En combien d'ordres se divise celui des terrestres, celui des amphitriens, celui des aquatiques ? — Citez-moi un rapace, un passereau, un grimpeur, un gallinacé, un échassier, un palmipède ? — Comment se subdivisent les rapaces diurnes ? — Citez-moi un vulturien, un gypaétien, un gypohieracien, un falconien ? — Citez-moi un rapace nocturne ? — Qu'y a-t-il de remarquable chez les rapaces ? — Comment se subdivisent les passereaux ? — Citez-moi un dentirostre, un fissirostre, un conirostre, un tenuirostre, un syndactyle ? — Que remarque-t-on chez les divers genres et les espèces principales de passereaux ? — Citez-moi les principaux genres et espèces de gallinacés, et ce qu'on trouve chez eux de plus remarquable? — Qu'est-ce qui distingue les échassiers, et comment les subdivise-t-on? — Citez un brévipenne, un pressirostre, un cultrirostre, un longirostre, un macrodactyle? — Que trouve-t-on de remarquable dans ces diverses familles? — Qu'est-ce qui distingue les palmipèdes? — Citez-moi un plongeur, un longipenne, un totipalme, un lamellirostre? — Que trouve-t-on de remarquable dans ces diverses familles? — Qu'est-ce qui distingue les reptiles? — En combien d'ordres les divise-t-on? — Qu'entend-on par chéloniens, par sauriens et ophidiens? — Citez-moi un chélonien terrestre, un des marais, un fluviatile et un marin? — En quoi consistent les mœurs et l'utilité des chéloniens? — Citez-moi un crocodilien, un caméléonien, un geckotien, un iguanien, un varanien, un scincoïdien, etc.? — Quelles sont les mœurs et les formes des sauriens? — *Citez-moi un ophidien venimeux et un non venimeux?* — Que trouve-t-on de remarquable chez les ophidiens? — Qu'est-ce qui distingue les batraciens ou amphibiens? — Citez-moi les mœurs, les principaux sous-ordres, familles, genres et espèces de batraciens? — Qu'est-ce que les squales, et quelles sont leurs mœurs? — Qu'est-ce qui distingue les poissons? — Que remarque-t-on chez eux? — Comment les divise-t-on? — Citez-moi un acanthoptérygien, un malacoptérygien abdominal, un subbrachien, un apode? — Nommez-moi un sturionien et un cyclostome?

CHAPITRE II.

ANIMAUX ARTICULÉS.

Insectes.

Des animaux articulés. — Insectes, Myriapodes, Arach-
nides, crustacés, annélides. — Des A. mollusques. —
Céphalopodes, Ptéropodes, Gastéropodes, Acéphales,
Tuniciens, Bryozoaires. — Des animaux zoophytes.
— Echinodermes, Acalèphes, Polypes, Infusoires,
Spongiaires.

Quoique placés presque au bas de l'échelle
animale, ces petits êtres n'en sont pas moins in-
téressants. En effet tout en eux est admirable :
leur structure, leurs formes si bizarres, leurs
couleurs si variées, leurs diverses métamorphoses,
leurs ruses de guerre, leurs moyens de défense ;
tout, en un mot, est digne d'observation, et,
cet insecte qu'on méprisait, qu'on foulait aux
pieds auparavant devient, après quelques minutes d'attention, l'objet de la plus vive admira-
tion. On ne peut se lasser de jeter les yeux sur
la course légère et pleine de grâce, sur les bril-

lantes couleurs de ces papillons volages, qui ne semblent vouloir se reposer que pour pomper dans le sein des fleurs une nourriture analogue à la délicatesse de leur personne ; mais marchons par ordre et donnons d'abord un aperçu de leur classification.

<table>
<tr><td rowspan="8">Hexapodes ou insectes</td><td rowspan="5">à métamorphoses complètes.</td><td>1. Ordre des Hyménoptères : Fourmis, abeilles.</td></tr>
<tr><td>2. — — Coléoptères : Cerf-volant, Hanneton.</td></tr>
<tr><td>3. — — Névroptères : Libellule, fourmilion.</td></tr>
<tr><td>4. — — Lépidoptères : Papillons, sphinx.</td></tr>
<tr><td>5. — — Diptères: Cousins ou tipules, mouches.</td></tr>
<tr><td rowspan="3">pour la plupart à simples mues.</td><td>1. Ordre des Orthoptères : Sauterelles, grillons, mantes.</td></tr>
<tr><td>2. — — Hémiptères : Punaises, géocorises, hydrocorises.</td></tr>
<tr><td>3. — — Aptères : Poux, puces, etc.</td></tr>
</table>

On connaît donc jusqu'à présent huit grands ordres d'articulés hexapodes, que nous décrirons dans l'ordre qui suit.

Ordre des Coléoptères.

Comme l'indique leur nom, ces insectes se distinguent par quatre ailes dont les deux supérieures, qu'on nomme *élytres*, sont membraneuses, cornées et recouvrent les autres comme pourrait le faire un étui : c'est peut-être les insectes chez lesquels les métamorphoses sont les plus complètes : une fois la femelle fécondée, elle dépose ses œufs, desquels sortent de petits êtres qui ont presque tous une forme allongée et semblable à celle d'un vers, on les nomme alors larves ; elles grossissent, et parvenues à tout leur développement, elles tombent pour la plupart dans une sorte de léthargie pendant laquelle elles se métamorphosent en l'état qu'on nomme *nymphe*, et de là en celui d'*insecte parfait*.

Parmi les coléoptères, dont on connaît à présent près de quatre-vingt mille espèces, on remarque surtout le *carabe doré* ou *carabe des jardins* (carabus auratus) qu'on nomme aussi vulgairement, dans les environs de Lyon, le *sergent* à cause de sa belle couleur métallique d'un vert doré ; il est excessivement vorace et fait une guerre acharnée aux hannetons. La *cicindèle des champs* (cicindela campestris) dont la larve creuse dans le sable un trou perpendiculaire au milieu duquel elle s'établit en ayant soin d'en boucher l'ouverture au moyen de sa tête écailleuse, et elle attend dans cette position jusqu'à ce qu'un imprudent insecte pose étourdiment ses pattes sur ce sol mouvant ; elle imprime alors à sa tête un violent mouvement de bascule qui fait tomber entre ses mandibules sa malheureuse victime ; les *nécrophores*, les *bousiers*, les *pillulaires* sont également très-ingénieux et dignes de remarque, ainsi que les *lucanes* ou *cerfs-volants*, les *capricornes*, et, parmi ceux-ci, celui nommé la *rosalie des Alpes* (rosalia Alpina) qui se fait remarquer par sa belle livrée grise et parsemée de taches noires veloutées, les *cantharides*, les *mylabres*, les *mé-loés* si utiles en pharmacie, où ils sont employés comme vésicants, sont aussi des coléoptères, ainsi que les *hannetons* et les *coxinelles* (1) qui font le jouet des enfants.

Ordre des Orthoptères.

Si l'on voulait faire une collection d'insectes nuisibles, on pourrait prendre, les yeux fermés, tous les orthoptères qui tomberaient sous la main : effectivement, qu'y a-t-il de plus nuisible pour l'agriculture que les sauterelles, les courtilières, les grillons, les mantes, etc. Plusieurs auteurs citent des invasions de sauterelles qui ravagèrent à plusieurs reprises le midi de la France, et qui y causèrent de si grands dégâts qu'on fut obligé de les mettre à prix. En Afrique, on les trouve en si grande quantité que, sur une plaine de vingt lieues de circonférence, ils sont montés par dix les unes sur les autres ; mais les peuples de l'Afrique méridionale savent y remédier en mangeant ces parasites : plat dont ils font un très-grand cas.

Les orthoptères sont des insectes à simples mues, c'est-à-dire que les jeunes sortent de l'œuf

---

(1) Appelés aussi communément *Bêtes du bon Dieu, Vaches à Dieu*, etc., ces petits coléoptères nous sont d'une assez grande utilité, en dévorant une grande quantité de pucerons, ce qui les a fait appeler *Aphidi-diphages.*

à l'état qu'ils doivent avoir plus tard, en ayant seulement les ailes de moins.

Ordre DES NÉVROPTÈRES.

Les névroptères sont, après les papillons, les insectes les plus gracieux et peut-être bien les plus intelligents après les hyménoptères. Leur nom, tiré de deux mots grecs signifie ailes à nervures. Ce sont des insectes à métamorphoses. Parmi eux, on distingue les *libellules*, appelées aussi demoiselles à cause de leur taille svelte et élancée; elles sont parées de quatre ailes en balancier, de deux gros yeux à facettes, et le corps entier est orné des plus brillantes couleurs; on les voit voltiger sur les eaux (dans lesquelles elles déposent leurs œufs) pendant les chaleurs les plus fortes; il est un névroptère très-curieux à observer sous l'état de larve, et qui, sous l'état parfait, porte le nom de myrméléon, de fourmilion ou de formicaleo (1), sous lequel il est connu au collége. Les perles, les émérobes sont aussi de jolis petits névroptères, ainsi que les éphémères qui ont reçu leur nom de la courte durée de leur vie qui est à peine de quelques heures.

Ordre DES HÉMIPTÈRES.

Les hémiptères sont des insectes dont les ailes

____

(1) *Voir* Réaumur, Geoffroy, et les naturalistes qui ont traité des insectes en général ou seulement des Névroptères. On peut voir aussi ma petite brochure intitulée : *Description scientifique de la vie du Myrméléon.*

sont mi-membraneuses et mi-coriaces ; ils causent d'assez grands dégâts. Tout le monde connaît les punaises de lit et de bois, dont l'odeur forte est insupportable, ainsi que ces insectes allongés qui possèdent un grand bec, des antennes ou cornes et des pattes si longues qui leur servent à marcher sur les eaux avec beaucoup de facilité : ce sont les hydrochorises ou punaises d'eau ; ce sont, ainsi que les cigales dont le mâle est pourvu d'une membrane particulière qui lui sert à produire ce son qui nous assourdit quand, pendant les fortes chaleurs nous traversons une route dans le midi de la France ; ce sont, dis-je, ainsi que les cigales, les nèpes, les fulgores, les kermes et les cochenilles si utiles dans la teinture, et les pucerons qui font d'assez grands dégâts, des insectes appartenant tous à l'ordre des hémiptères.

Ordre des Hyménoptères.

Les hyménoptères sont, parmi les insectes, ceux dont les facultés spéculatives sont les plus développées ; à leur tête se placent les fourmis, les abeilles, les guêpes, tous insectes vivant en société et dont les mœurs sont dignes de remarque, ainsi que celles des autres hyménoptères, tels que les ichneumons, les cynips, les chalcidites, les sphex, etc. Pour prouver ce que j'avance, je me contenterai de citer ce passage de Huber, célèbre naturaliste genevois, sur l'industrie des fourmis sculpteuses :

« Qu'on se représente, dit-il, l'intérieur d'un

« arbre entièrement sculpté, des étages sans
« nombre plus ou moins horizontaux dont les
« planches et les plafonds, à cinq ou six lignes
« de distance les uns des autres, sont aussi minces
« que des cartes à jouer, supportés tantôt par
« des cloisons verticales formant une infinité de
« cases, tantôt par une multitude de petites co-
« lonnes qui laissent voir entre elles la profon-
« deur d'un étage presque entier, le tout d'un
« bois noirâtre et enfumé, et l'on aura une idée
« assez juste de l'habitation des fourmis fuligi-
« neuses.

« La plupart des cloisons verticales qui divi-
« sent chaque étage en compartiments sont pa-
« rallèles, elles suivent le sens des couches li-
« gneuses toujours concentriques : ce qui donne
« un air de régularité à l'ouvrage. Les planchers
« pris dans leur ensemble sont horizontaux ; les
« petites colonnes sont d'une à deux lignes d'é-
« paisseur, plus ou moins arrondies, d'une hau-
« teur égale à l'élévation de l'étage qu'elles sup-
« portent, plus larges en haut et en bas que dans
« le milieu, un peu aplaties à l'extrémité et
« rangées en ligne, parce qu'elles ont été taillées
« dans des cloisons parallèles.

« Quels nombreux appartements, quelle mul-
« titude de loges, de salles, de corridors, ces
« insectes ne se procurent-ils pas par leur seule
« industrie, et quel travail une si grande entre-
« prise n'a-t-elle pas dû leur coûter ! Ici, ce sont
« des galeries horizontales cachées en grande
« partie par leurs parois, qui suivent les couches
« ligneuses dans leurs formes circulaires ; ces

« galeries parallèles, séparées par ces cloisons
« très-minces, n'ont de communication que par
« quelques trous ovales pratiqués de distance en
« distance. Là, des parois percées de toutes parts
« sont transformés en colonnades qui soutien-
« nent les étages et laissent une communication
« parfaitement libre dans toute leur étendue ; le
« parquet creusé en forme de sillons inégaux
« sert à retenir les larves des fourmis.

« Les étages creusés dans de grosses racines
« offrent plus d'irrégularité que ceux qui sont
« pratiqués dans le trou même de l'arbre ; on y
« trouve encore des étages horizontaux et de
« nombreuses cloisons ; mais, si l'ouvrage est
« moins régulier, il gagne du côté de la délica-
« tesse, car les fourmis profitent alors de la du-
« reté de la matière pour donner à leur bâtiment
« une extrême légèreté. Elles savent aussi re-
« cueillir les débris de bois qu'elles ont détaché,
« les unir ensemble à l'aide d'une bave visqueu-
« se, et s'en servir pour calfeutrer les fentes et les
« ouvertures inutiles.   HUBER. »

Ordre DES LÉPIDOPTÈRES.

Ces jolis insectes se font remarquer par la
poussière écailleuse qui recouvre leurs ailes or-
nées des plus vives couleurs : leurs larves portent
le nom de chenilles, leurs nymphes celui de chry-
salides, et les insectes eux-mêmes celui de papillons ; on les divise en papillons diurnes, en cré-
pusculaires et en nocturnes. Parmi ces insectes,

on distingue les piérides (1), les grands et les petits paons, les sphinx, parmi lesquels se trouve l'*atropos* ou *tête de mort* qui se distingue par une espèce de dessin représentant assez exactement un fragment de tête de mort, ce dessin et sa pose, pendant le repos, qui lui donne à peu près la forme d'un tombeau, a suffi pour en faire de tout temps la terreur des paysans et des personnes superstitieuses; mais, par-dessus tout, on remarque les *bombyces*, et surtout celui du *mûrier*, communément le *ver-à-soie*, qui fournit au luxe cette matière précieuse qui donne du travail à des populations entières, et qui particulièrement fait la richesse commerciale de notre ville de Lyon; mais, si cette espèce et quelques autres peuvent nous être utiles, combien d'autres nous sont nuisibles à l'état de larve. Les lépidoptères sont assez industrieux sous leur premier état, c'est-à-dire sous celui de chenilles; l'intérieur de leur corps est alors presque rempli en entier par le tube ou appareil digestif, tandis que, sous celui de papillon, il est pour la plupart nul ou à-peu-près nul.

Ordre DES DIPTÈRES.

Les diptères sont bien connus de tout le monde par l'embarras qu'ils causent; ainsi sont les tipules ou cousins, les mouches domestiques qui

---

(1) Surtout la Piéride du choux (Pieris Brassica), qui est si commune en France, et qu'on distingue à ses ailes blanches avec des taches noires.

nous harcèlent continuellement ; les taons, les œstres qui se logent dans le corps de nos animaux domestiques et les fatiguent souvent tellement qu'ils parviennent à les faire périr, surtout les œstres qui déposent leurs œufs dans les narines du cheval, de l'âne, etc. : ce qui les démange tellement qu'en se grattant au moyen de leur langue ils les avalent ; les œufs éclosent alors dans l'estomac où ils s'attachent aux parois en se nourrissant ainsi aux dépens de l'animal, ils se laissent ensuite entraîner par le torrent de la digestion, sortent par l'anus avec les excréments, s'enfoncent en terre où ils opèrent leur métamorphose. Il s'en trouve parfois des centaines dans l'estomac d'un cheval. D'autres diptère parasites placent leurs œufs sur le dos ou sous la queue de l'animal.

Ordre des Aptères.

L'étymologie de leur nom, qui signifie sans ailes, démontre assez de quels insectes l'on veut parler. Ces parasites par excellence qui, comme les poux, les puces vivent presque tous à nos dépens ou à ceux d'autres animaux, surtout sur les oiseaux, sur lesquels ils vivent, dit-on, des débris de peau placés sous les plumes ; mais pour les prendre, il faut les chercher sur l'animal vivant, ou mort avant que la chair ne tombe en putréfaction ; car alors ils s'en éloignent. Vous connaissez du reste assez ces animaux pour que je vous en parle plus longtemps.

Des Myriapodes.

Les myriapodes, dont le nom signifie dix mille pieds, ont effectivement une grande quantité de pattes qui s'élèvent quelquefois jusqu'à plusieurs centaines. Parmi les myriapodes, on remarque les animaux de la forme d'un lombric, mais d'un noir grisâtre; ils habitent sous les pierres, sont lents et ne se nourrissent guère que des détritus de végétaux qu'ils trouvent à leur portée; ils se roulent en boule dès qu'ils s'aperçoivent que l'on veut les saisir. Les scolopendres, qui sont belliqueux, vivent aussi dans les endroits obscurs et humides; leur régime est carnassier; ils sont tellement à redouter dans les pays tout-à-fait méridionaux, que ceux qu'on trouve aux Antilles et dans l'Australie, et qui atteignent une taille de 5 à 6 pouces, sont capables de donner la mort.

Des Arachnides.

Ces animaux, qui inspirent du dégoût et même de l'effroi à beaucoup de personnes, sont cependant, quoique cruels et voraces, très-intéressants à étudier; car, pour la plupart, ils sont doués d'un instinct souvent très-remarquable. Qui de nous n'a vu une araignée filer sa toile en tirant de 6 ou 8 glandes placées à son extrémité postérieure, une sorte de glu qui, en séchant à l'air, forme ces fils si délicats dont elle compose sa toile ; elle se place, une fois sa tâche faite, dans un coin obscur où elle a pratiqué une sorte de niche , d'où elle observe, sans être vue , tout ce qui passe au-dehors. Dès qu'elle s'aperçoit qu'une mouche , ou tout autre insecte se place sur sa toile , elle se tient encore plus silencieuse, s'il est possible , le laisse s'embarrasser, et quand elle est persuadée qu'il ne peut plus fuir, elle s'approche, le perce au moyen de ses mandibules, laisse agir le venin qui s'est épanché, puis elle s'approche de nouveau , suce les humeurs renfermés dans le corps de sa victime, rétablit sa toile et retourne faire sentinelle. Mais si l'insecte est gros, qu'il se débat et qu'elle craint qu'il ne rompe sa toile, elle s'approche immédiatement et tout en se tenant à une portée respectable, elle l'entoure de nouveaux fils , jusqu'à ce qu'il ne soit plus capable de bouger ; elle s'approche alors, le pique et le suce. Toutefois , lorsqu'on veut examiner le travail intéressant d'un de ces animaux , il faut, autant que possible, prendre garde qu'il ne vous aperçoive pas ; car alors, plutôt que de travailler, il laisserait volontiers sa toile se briser et l'insecte s'envoler.

Aux arachnides appartiennent toutes les espèces d'araignées , telles que l'araignée domestique , les faucheuses , les tarentules , les mygales, etc.; les sarcoptes dont il existe une espèce à laquelle on attribue la galle , les scorpions qui habitent principalement les pays méridionaux.

Des Crustacés.

Les crustacés sont des animaux pour la plupart aquatiques ou vivant au moins dans les lieux humides ; ils ont presque tous une forme bizarre et leur corps entier est recouvert d'une enveloppe solide, épaisse et ayant à-peu-près la forme d'une croûte, d'où leur vient leur nom tiré du latin (de *crusta, croûte*). A cet ordre appartiennent les crabes ou cancres, les écrevisses, les langoustes, les homards, les cloportes (1), etc. Ces animaux sont sujets à des mues pénibles ; ils perdent alors leur enveloppe calcaire vers le mois de mai, et ils en prennent une autre qui est d'abord excessivement molle et qui se durcit peu-à-peu. Pendant tout le temps de leur mue, ils restent dans leurs trous. Ils sont excessivement voraces et forment pour la plupart un excellent manger.

Des Annelides.

Les annelides ou articulés vermiformes ont un corps composé d'anneaux : ils sont tantôt plats, tantôt ronds ; à l'exception d'une seule espèce, *la sangsue médicinale,* ils sont tous nuisibles, et vivant en parasites comme *les ascarides ou vers*

---

(1) Appelés vulgairement *cochons de St-Martin, cochons de caves,* parce qu'ils vivent dans les lieux humides. On en fait un sirop nommé pour cela sirop de cloportes. Les anciens auteurs les avaient placés parmi les myriapodes.

des enfants, *les tœnias* ou *vers solitaires*, *les stron-gles*, etc., soit dans notre corps, soit dans celui des animaux. D'autres, tels que *les lombrics* ou *vers de terre*, ne nous causent que peu de dégâts. Ces animaux sont remarquables en ce que lors-qu'on les coupe, s'ils sont placés dans un endroit où ils puissent prendre leur nourriture, au lieu d'un animal on en fait autant qu'il y a de par-ties coupées, et les jardiniers ne doivent pas être étonnés de voir que malgré le nombre considé-rable qu'ils écrasent ou qu'ils coupent, il y en ait toujours une très - grande quantité.

Des Animaux mollusques.

Les mollusques, comme nous l'avons déjà établi, se divisent en six ordres, qui sont : *les céphalopodes*, c'est-à-dire, dont la tête est pour-vue d'appendices ambulatoires. Parmi les cépha-lopodes se classent *les poulpes*, animaux carnas-siers par excellence et qui vivent de crabes, *les calmars* (voir la planche) et *les sèches*, dont on retire une matière noire qui entre dans la com-position de l'encre de Chine et qui porte le nom de Sépia. Elle fournit en outre une autre ma-tière compacte, de forme ovale et friable, nom-mée improprement os de sèche, et qu'on donne aux canaris pour leur aiguiser le bec. Vient en-suite *les ptéropodes*, parmi lesquels se trouvent les hyales, les clios, etc.; puis *les gastéropodes*, c'est-à-dire les mollusques qui, tels que la *limace*, les *hélices* ou *escargots*, sont pourvus d'un appendice large et charnu qui leur sert à la locomotion. Ils forment un excellent manger, et on en ordonne même aux personnes dont la poitrine est faible ; *les acéphales*, c'est-à-dire les mollusques, chez lesquels on ne distingue pour toute tête qu'une espèce de bouche, sont ce qu'on appelle aussi des *mollusques bivalves*, c'est-à-dire dont la coquille a deux compartiments bien distincts qui sont placés l'un sur l'autre, telles que *les huîtres*, qui forment un mets si recherché des gourmets, et parmi lesquelles se placent celles sujettes à une maladie qui correspond à la pierre et qui produit ces belles perles qui ornent les couronnes et les parures de nos dames ; *les moules*, *les solens* ou *manches de couteaux*, *les vénus*, etc., sont aussi des mollusques acéphales. Après les acéphales on remarque *les tuniciens*, tels que les *ascidies*, les *biphores*, et les *bryozoaires*, tels que les *plumatelles* et les *flustres*.

Outre les mets sains et délicats que nous offrent les mollusques, ils nous sont encore d'une grande utilité par leurs coquilles, dont la quincaillerie, le luxe et les arts se servent, et par une multitude de choses, tels que la sépia, les curles, etc.

Des Zoophytes ou animaux plantes.

Parmi les zoophytes on voit, en premier lieu, œnx dont la peau est épineuse et qu'on nomme pour cela *échinodermes*, et parmis lesquels viennent prendre place les *oursins* qui sont tout entourés de piquants, et les curieux animaux qui portent le nom d'*asteries* ou d'étoiles de mer ; puis les *acalèphes* qui, comme les *méduses*, les *béroés*, etc., produisent, quand on les touche, une sensation brûlante et à peu près analogue à celle que produisent les orties : ce qui a fait donner aux méduses le nom vulgaire d'*orties de mer*. Ces animaux ont à-peu-près la forme d'une cloche, au bord de laquelle se trouverait une grande quantité d'appendices. Viennent après les *polypes proprement dits*, animaux curieux qui se reproduisent avec une rapidité excessive ; ainsi sont les *coraux*, parmi lesquels on distingue le rouge, le blanc qu'on nomme aussi *coralline*, le noir, etc. Les *tubipores* dont la plus curieuse espèce est celle nommée *musicale*, les *madrépores*, tous animaux qui se reproduisent avec une rapidité si grande qu'ils parviennent à former des îles et à reculer les rivages, les actinies ou anémones, qu'on voit briller au soleil avec des couleurs éclatantes comme les fleurs dont elles portent le nom, appartiennent également à l'ordre des polypes proprement dits. On voit ensuite les *infusoires* et les *spongiaires* placés par M. Jourdan dans le grand ordre des *proto-organismes animaux*, et qui ont encore des mœurs, des instincts, une organisation admirable et dont les principales beautés échappent par leur petitesse, non-seulement à l'œil nu, mais encore aux plus fortes loupes. Parmi les infusoires on voit les monades, les amibes, etc., et parmi les spongiaires, les éponges et les spongiles qui, tout en appartenant distinctement encore aux animaux, forment un passage facile du règne animal au règne végétal.

QUESTIONNAIRE.

Qu'est-ce qui distingue les insectes, et que remarque-t-on chez eux? — En combien d'ordres les divise-t-on? — Qu'est-ce qui distingue les coléoptères? — Que remarque-t-on chez eux? — Citez-m'en quelques-uns? — Que remarque-t-on chez les orthoptères? — Citez-m'en quelques-uns? — Que remarque-t-on chez les divers autres ordres? — Citez-moi un névroptère, un hémiptère, un hyménoptère, un lépidoptère, un diptère et un aptère? — Quels sont les ruses et les instincts de ces divers insectes? — Quels sont leurs dégâts, et quelle est leur utilité? — Que remarque-t-on chez les myriapodes? — Quelle est l'étimologie de leur nom? — Que remarque-t-on chez les arachnides? — Citez-m'en quelques-unes? — Que remarque-t-on chez les crustacés, et quelle est l'étymologie de leur nom? — Quelle est leur utilité? — Que remarque-t-on chez les annelides? — Quels sont leurs dégâts, et quelle est leur utilité? — Que remarque-t-on chez les mollusques? — En quoi consiste leur utilité? — Citez-m'en quelques-uns, leurs noms scientifiques et ceux vulgaires? — Que remarque-t-on chez les zoophytes? — En quoi consiste leur utilité? — Citez-m'en quelques-uns avec leurs noms scientifiques et vulgaires?

ERRATA.

Page 15, *au lieu de* la tableau, *dites* le tableau.
— 18,   *idem*   réfracteurs, *dites* réflecteurs.
— 72,   *idem*   sorex aracneus, *dites* sorex araneus.
— 75,   *idem*   melis europæa, *dit.* meles Europæa.
— 80,   *idem*   à sa renomée littéraire, *dites* à la renommée littéraire.
— 80,   *idem*   on counaît, *dites* on connaît.
— 81,   *idem*   en outre des caractères, *dites* en outre par des caractères.
— 81,   *idem*   quand la faim les pressent, *dites* quand la faim le presse.
— 87,   *idem*   de plusieurs espèces de genres, *dites* de plusieurs espèces de cougouars.
— 88,   *idem,* les espèces, *dites* ces espèces de carnivores.
— 115, *effacez* 2° Groupe des terrestres.
— 127, *au lieu de* dinsectes, *dites* d'insectes.
— 130,   *idem*   piceus, *dites* picus.
— 140,   *idem*   du Java, *dites* de Java.

TABLE DES MATIÈRES.

—

FIN DE LA TABLE.

Quadrumanes. Cheiroptères.

N.º 1.

N. 2.

1. Mococos et Mougous. — 2. Murin ou Chauve-Souris.

Carnassiers.

N. 1.

N. 2.

1. Ours Brun. — 2. Lion de l'Atlas.

Carnassiers.

N. 1.

N. 2.

1. Tigre royal du Bengal. — 2. Phoques ou Veaux Marins.

Rongeurs. Edentés.

N. 1.

N. 2.

N. 3.

1. Castor du Canada. — 2. Aï ou Paresseux. —
3. Ornythorinque paradoxal.

Marsupiaux. Pachyderme.

N. 1.

N. 2.

1. Kanguroo. — 2. Eléphant.

Ruminants.

N. 1.

N. 2.

1. Cerf d'Europe. — **2.** Dromadaire ou Chameau à une bosse.

Cétacés.

N. 1.

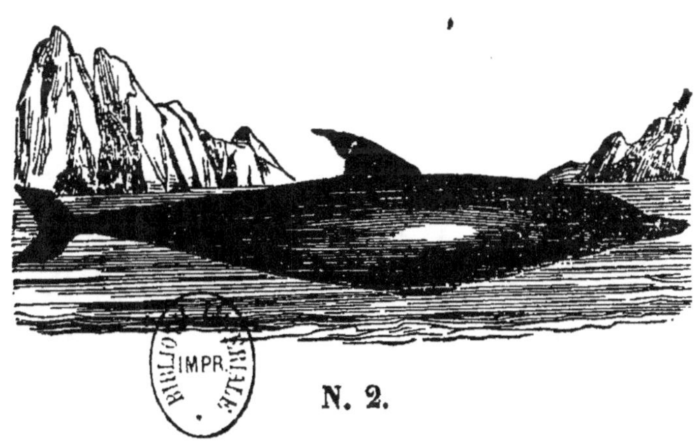

N. 2.

1. Baleine franche. — 2. Dauphin.

Oiseaux. Rapaces. Passereaux.

N. 1.

N. 2.

1. Aigle-royal. — 2. Piegrièche.

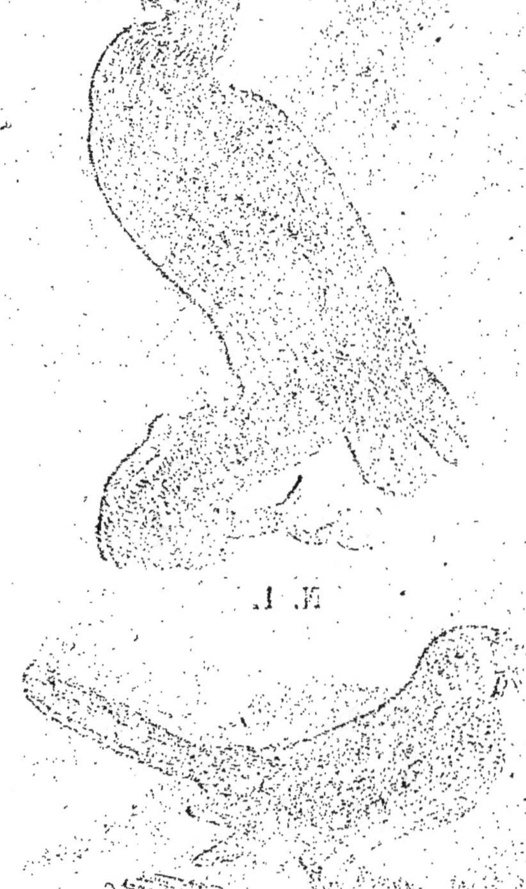

1. Aigle-royal. — 3. Pygargue.

Grimpeurs. Gallinacés.

N. 1.

N. 2.

1. Perroquet. — Faisan.

Echassiers. Palmipèdes.

N. 1.

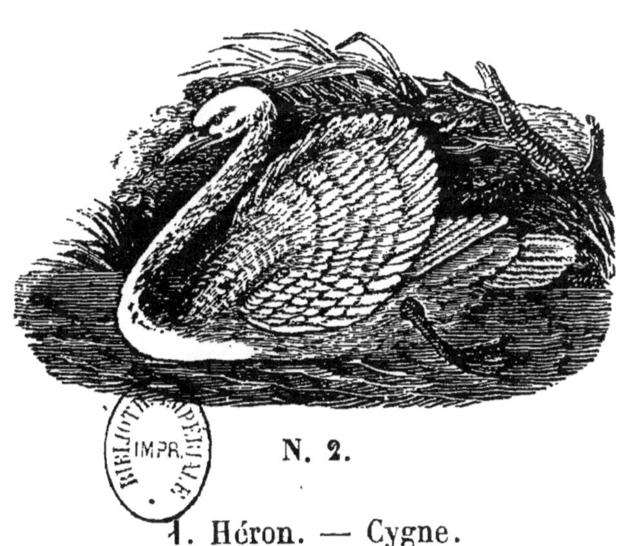

N. 2.

1. Héron. — Cygne.

Reptiles. Chélonien. Saurien. Ophidien.

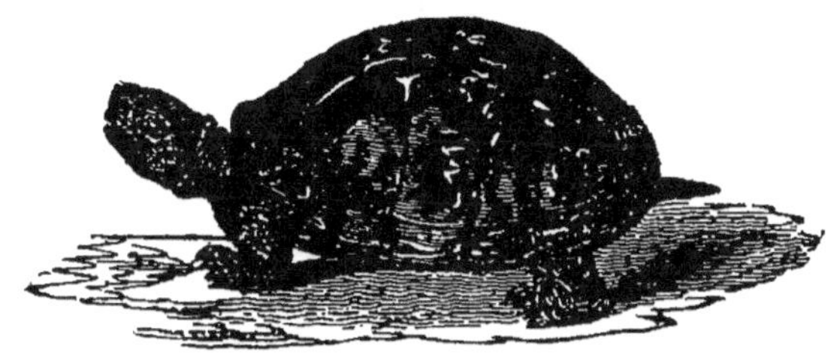

N. 1.

N. 2.

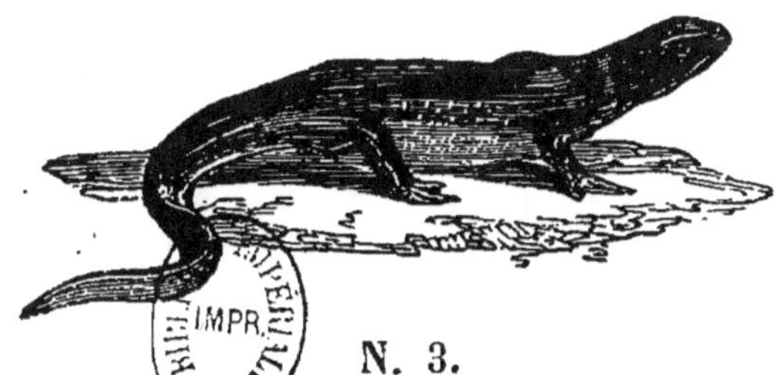

N. 3.

1. Tortue de l'île de Bourbon. — 2. Boa devin. —
Lézard gris.

Bactraciens. Poissons.

N. 1.

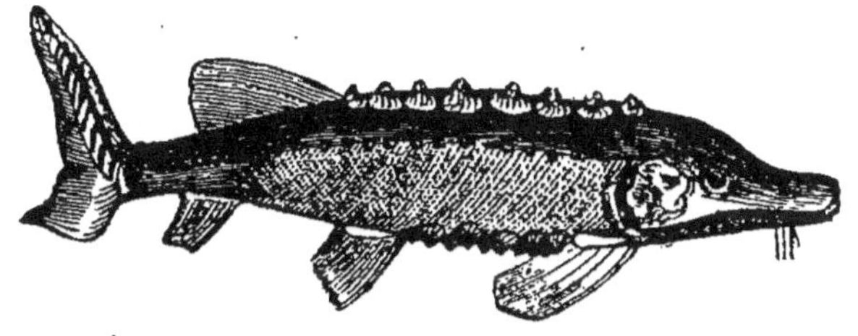

N. 2.

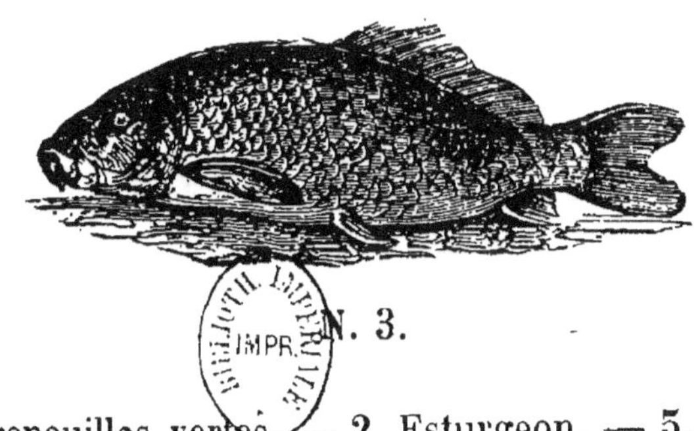

N. 3.

1. Grenouilles vertes. — 2. Esturgeon. — 5. Carpe.

Insectes.

N. 1.

N. 2.

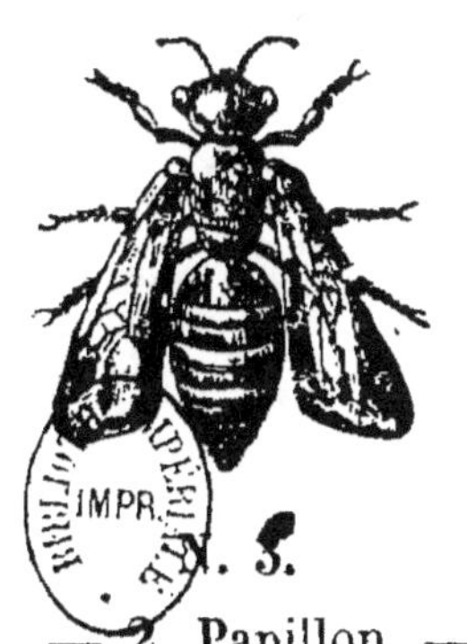

N. 3.

1. Hanneton. — 2. Papillon. — 5. Abeille.

Arachnides. Crustacés. Annelides.

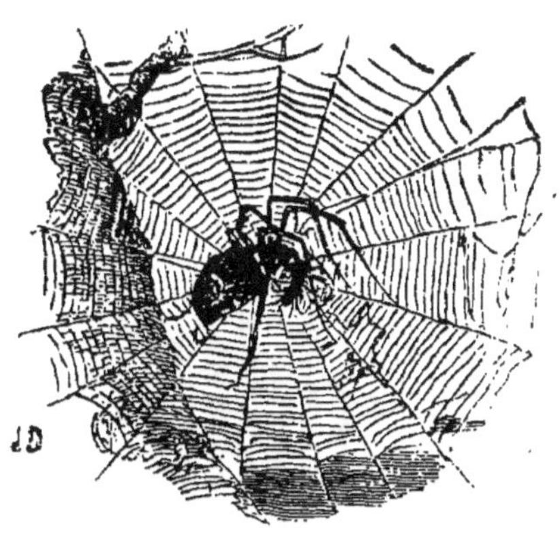

N. 1.

N. 2.

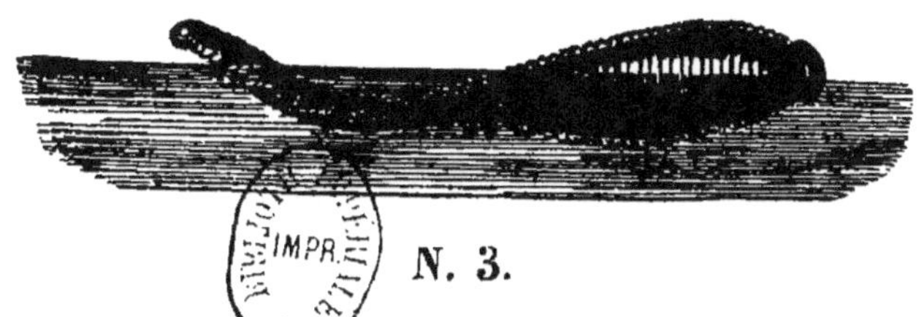

N. 3.

1. Araignée. — 2. Crabe ou Cancre. — Sangsue.

Mollusques.
Céphalopodes. Gastéropodes. Acéphales

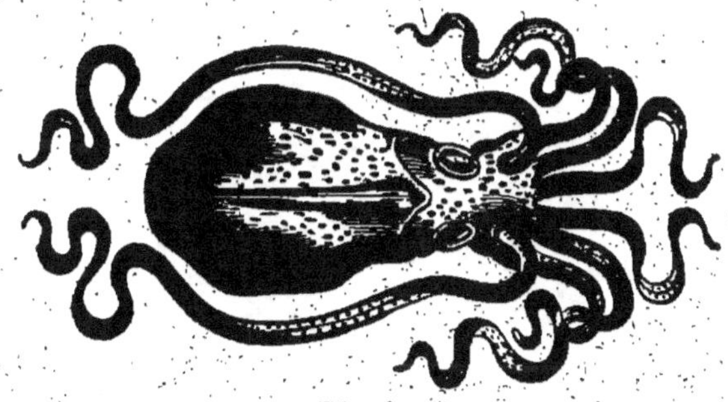

N. 1.

N. 2.

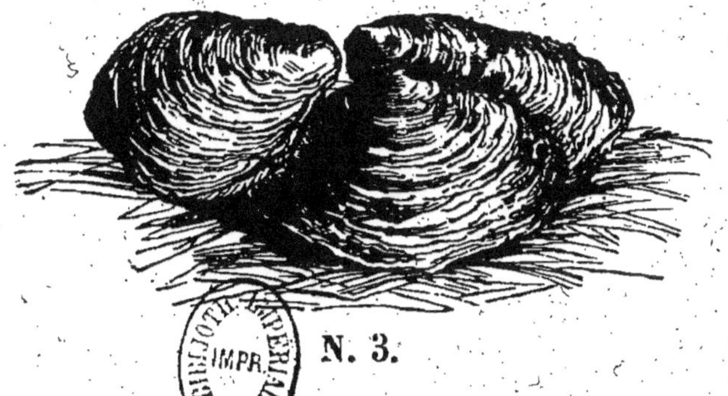

N. 3.

1. Calmar. — 2. Escargot. — 3. huîtres.

Zoophytes.
Echinodermes. Polypes.

N. 1.

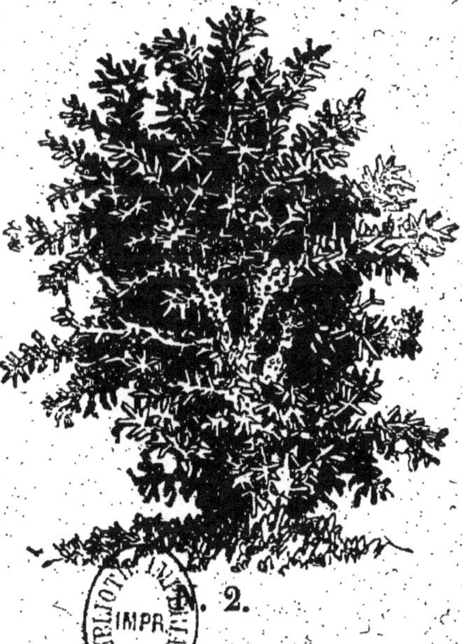

N. 2.

1. Astérie ou Étoile de mer. — 2. Polypier.

9 782329 030654